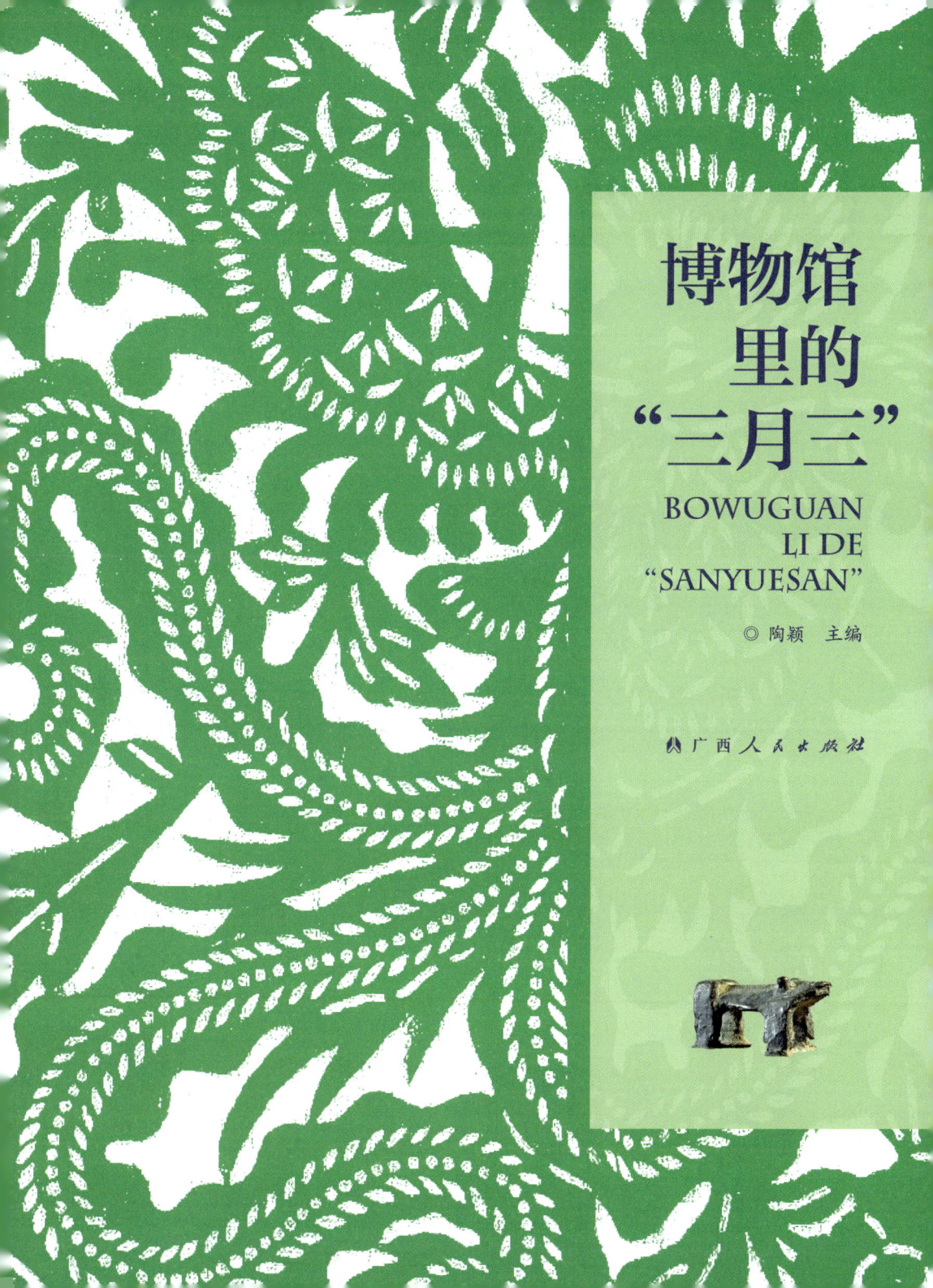

博物馆里的"三月三"

BOWUGUAN LI DE "SANYUESAN"

◎ 陶颖 主编

广西人民出版社

广西鹅泉风光
张小宁 摄

博物馆
里的
"三月三"
BOWUGUAN
LI DE
"SANYUESAN"

春水初生，

春林初盛，

中华民族关于春日的记忆

随着"三月三"的来临

悄然苏醒。

本书由以下文博单位的专家学者参与撰写

中国国家博物馆

故宫博物院

中国现代文学馆

中国民族图书馆

民族文化宫博物馆

广西壮族自治区博物馆

广西民族博物馆

陕西历史博物馆

浙江丽水市博物馆

海南省民族博物馆

贵州省民族博物馆

云南民族博物馆

博物馆里的"三月三"

BOWUGUAN
LI DE
"SANYUESAN"

编委会

主　编：陶　颖

副主编：樊苗苗　邵凡晶

编　委（按姓氏笔画排名）：

马丽亚　王佳炎　李月英　李亚新　杨亚月
陆文东　罗文雄　胡兴旺　黄　黎　黄滢丹
崔德志

撰　稿（按姓氏笔画排名）：

马　嵘　马卫红　马丽亚　王　雪　王佳炎
王晓农　王晨露　韦姗杉　申晓培　包博宇
冯昆思　伍思舜　李　游　李学思　李海燕
李瑞平　杨　虓　杨亚月　余丽萍　邹　晶
宋　睿　张　弛　陈嫣然　邵凡晶　林宇昊
罗文雄　胡兴旺　秦江月　袁九思　徐畅冬
徐锦妍　翁俞浩　唐玲芙　陶　颖　黄世棉
黄滢丹　曹娇林　崔月姣　蒙元婕　蔡　迪
樊苗苗　颜廷明

博物馆里的"三月三"

BOWUGUAN
LI DE
"SANYUESAN"

序

刘曙光

中国博物馆协会理事长

文物是人类在社会活动中遗留下来的具有历史、艺术、科学价值的遗物和遗迹，承载着人类灿烂文明，蕴含着丰富的信息，反映着独特而鲜活的历史，维系着民族精神，承载着中华民族的基因和血脉。与"三月三"这一古老节日相关的文物，就是重要的一部分。

"三月三"，古称"上巳节"，是中华古老的传统节日之一，不仅历史悠久、文化内涵深厚，而且习俗丰富多样。千百年来，伴随着中华民族的融合发展，上巳节的文化传统逐步融入民族文化，日渐发展为重要的民俗活动事项，成为多民族共享的传统节日。

据记载，上巳节源于先秦时期的祓禊求子活动，最初是祭祀水神的习俗，人们在这一天祈求水神保佑丰收和平安，后来逐渐吸纳娱乐性，增加了

踏青等活动。《诗经·郑风·溱洧》的诗句就描写了郑国的三月上巳节，一对少男少女在溱水和洧水岸边偶然相识，二人相约同行，再到相谑、相赠爱情之花的全过程。战国《周礼·春官宗伯·女巫》又载："女巫掌岁时祓除衅浴。郑玄注：岁时祓除，如今三月上巳如水上之类。衅浴，谓以香薰草药沐浴。"可见周朝时期祓禊沐浴活动已经载入了官方礼制，由朝廷指定的专职女巫掌管此事。至魏晋南北朝，上巳节演变为临水宴饮的"风雅节"，曲水流觞，即由此而生。此时的上巳节从祓除不祥的巫术仪式演变成水边饮宴、走马步射、郊外游春的节日，由娱神向娱人和自娱转变。唐代，上巳节发展至繁盛时期，统治者对上巳节的重视表现在与民同乐，上至文武百官，下至普通百姓都参与到禊饮踏青的活动中，游乐活动逐渐兴盛起来。流传的诗文中也不乏帝王曲江赐宴群臣的记载描述。每年上巳，皇帝在曲江边大宴群臣。《梦粱录》曰："三月三日上巳之辰，曲水流觞故事起于晋时。唐朝赐宴曲江，倾都禊饮踏青亦是此意。"杜甫的《丽人行》云："三月三日天气新，长安水边多丽人。"这时候上巳节的活动虽然还是在水边进行，但是祓禊、男女相会、祭祀高禖的踪迹已经很少，踏青游宴的习俗得到了发展，成为雅俗共赏的盛大节日。宋代开始，由于理学的盛行，男女出游受到了约束，官方不再鼓励举办类似仪式，三月上巳节逐渐衰微。明代建立之初，朱元璋为了表示与民同乐，在上巳节携大臣进行了踏青的活动，为上巳节踏青融入清明节奠定了基础。

　　从魏晋时期开始，随着中原文化南移传播，历代王朝对东南、西南地区开发的不断加强，中原文化沿岭南走廊传入南方各民族地区。南方三月气候温暖，春意更浓，各民族能歌善舞，许多民族习俗完美地和"三月三"习俗结合，自此古代"三月三"文化在南方民族地区生根发芽并蓬勃发展。明清以后，"寒食""清明""上巳"三节呈现合并趋向，最终"上巳""寒食"两节并入"清明"，上巳节渐渐淡出。

　　古时的上巳节虽已淡出历史，但在我国浙江、广西、海南、贵州、云南等地区，畲族、壮族、黎族、苗族、土家族、瑶族、侗族、布依族、彝族、仫佬族等多民族聚居区，"三月三"的形式更加丰富。许多民间传说、祭祀祭祖、民间饮食、民俗娱乐等活动都荟萃于"三月三"，鲜活地呈现着古代上巳节的文化精髓。畲族"三月三"既是畲族祭祀祖先的重要纪念日，也是祈祷幸福安康的隆重节庆。壮族"三月三"也称为"歌圩节"，是壮族祭祀祖先，以山歌传情，用绣球传爱，寻求爱情的重要节日活动。黎族"三月三"是海南黎族祭祀祖先、祝福新生、歌颂爱情的节日。侗族"三月三"要过"花炮节"，花炮响寓意团结、幸福、吉祥。土家族和苗族的"三月三"是情人节、女儿节。彝族"三月三"是护山节，突出了人与自然和谐相处的理念。水族、仫佬族、毛南族等民族做五色糯米饭和糯米糍粑，喜庆"三月三"节日。"三月三"让各民族在日常生活中情感密切相连，促进地域文化、民族文化相互融合。

《博物馆里的"三月三"》一书，通过一件件收藏在博物馆的典籍文书、绢帛书画、祭祀物品、民族服饰、传世食器和歌舞乐器等文物，找寻上巳节这一传统节日的足迹，希冀掸落历史的尘土，将中华"三月三"的厚重文化内涵呈现于世人眼前，让我们清晰地看到中华文化是各民族共同创造的，是各民族文化兼收并蓄的文化共同体。农历三月初三这一天，在不同的地区、不同的民族中，演绎着古代上巳节祭祖、祓禊、踏青、交友的内容，传递着独特的信息，古老的文化延绵不断，历久弥新。"三月三"，已成为各民族交往交流交融，增进文化认同的载体，是中华民族对生命的渴望、对自然的敬畏、对美好生活期盼的表达。留住历史根脉，传承中华文明，是中华民族最深沉的精神追求。

广西壮族自治区党委宣传部组织策划，邀请民族文化宫博物馆原馆长陶颖及国内多家博物馆的数十位专家学者编著了这本《博物馆里的"三月三"》。我在表示敬佩的同时，也乐意向广大读者推荐，希望我们中华优秀传统文化不断创造性转化、创新性发展。

目录

迹　片羽吉光记载"三月三"

从甲骨文谈上巳节 / 014

典籍里的上巳节 / 018

唐代伏羲女娲图帛画 / 022

唐代树下侍女六合屏风图壁画 / 025

唐代鎏金蔓草花鸟纹银羽觞 / 029

紫禁城里的曲水流觞 / 033

清代余崧兰亭修禊图轴 / 038

民国定武兰亭真本 / 042

民国畲族民歌抄本 / 046

广西各民族歌本 / 050

广西旧方志里的"三月三" / 056

壮族坡芽歌书 / 066

祀　告慰先人礼敬"三月三"

广西古代铜鼓 / 072

明代崖州龙被 / 080

清代畲族祖图长卷 / 083

清代畲族原始祖杖 / 086

清代黎族回形纹三系铜蛙锣 / 089

民国玉林傀儡戏面具 / 093

民国百楔扁鼓 / 098

三江花炮台 / 101

文山壮族"弄娅歪"面具 / 106

器　传世食器迎宴"三月三"

侗族绘彩画弯形牛角酒杯 / 174

湘西苗族玛瑙酒杯 / 177

彝族木制彩色漆器咂酒坛 / 181

黎族包锡刻花椰雕茶具 / 184

广西打油茶工具 / 187

侗族木甑和瓜皮饭钵 / 192

打糍粑木杵臼 / 198

壮族木砻 / 204

苗族圆形铁质三脚架 / 208

巴马瑶族网兜彩蛋 / 214

衣　五彩斑斓炫酷"三月三"

清代水族马尾打籽绣背儿带 / 112

民国苗族坠银饰绣花镂空披肩 / 118

天峨壮族盛装 / 122

文山壮族女盛装 / 126

隆林各族民族服饰 / 132

罗平布依族少女装 / 145

融水苗族百鸟衣 / 148

畲族传统凤凰装 / 153

麻江畲族枫香染背儿带 / 156

寿字花纹壮锦 / 160

连南瑶族挑绣花挂袋 / 164

水族坠须"龙凤戏珠"银胸饰 / 167

娱　八音欢娱渲染"三月三"

刻花纹牛角号 / 224

壮族八音 / 232

兴义布依族勒尤和大月琴 / 238

侗族二弦牛腿琴 / 244

京族独弦琴 / 250

侗族芦笙 / 254

瑶族黄泥鼓 / 259

文狮面具 / 264

瑶族木陀螺 / 267

壮族木制板鞋 / 272

壮族绣球 / 276

彩调剧本《刘三姐》 / 282

参考资料 / 290

后记 / 294

Relics

博物馆里的"三月三"

迹

迹

片羽吉光记载『三月三』

  春水初生，春林初盛，中华民族关于春日的记忆随着"三月三"的来临悄然苏醒。

  "三月三"，古称上巳节。阳春三月，人们在上巳日临水沐浴，以兰草洗濯，祈求消灾祛病。岁月更替、时光流转，上巳节逐渐褪去神秘外衣，到魏晋时期，演变为文人雅士吟诗作赋、曲水流觞的"三月三"雅集。如今，翻开泛黄的书页，"三月三"这个古老节日仍在片羽吉光的记载中熠熠生辉。从商代甲骨文"巳"与"嗣"字原始含义相呼应的解读，到伏羲女娲图里人文始祖的"三月三"创生；从战国《周礼》记载三月上巳日的祓禊沐浴，到魏晋时期上巳节被固定于农历三月初三这一天；从《论语》中"浴乎沂，风乎舞雩，咏而归"的春日欢歌，到唐代侍女图里的踏青游宴；从《兰亭集序》中曲水流觞的文人雅聚，到广西旧方志里"三月三"各民族的歌圩盛会。古人将农历三月上巳日定为节日，蕴含着对子嗣的祈愿和对家族延续的美好愿景。古往今来，文人墨客以笔为舟，泛游于"三月三"的诗意长河，在中华大地上描绘出一幅幅跨越千年的上巳春日画卷。让我们循着书画丹青的指引，聆听那些被时光封存的春日故事，探寻"三月三"背后的文化密码，感受中华民族共同的文化印记。

博物馆里的"三月三"

014

从甲骨文谈上巳节

商代刻干支表牛骨
长22.5厘米
宽7.4厘米
现收藏于中国国家博物馆

迹

片羽吉光
记载 "三月三"

上巳节，这个古老而富有诗意的节日，其"巳"字作为上巳节名称的重要组成部分，内涵丰富，值得深入探究。

甲骨文中，"巳"的形态与现代有所不同。其最初的字形作 , 像一个在母体中的胎儿。中国国家博物馆收藏有一块商代的刻干支表牛骨，出土于河南省安阳市殷墟，上面契刻由甲子、乙丑、丙寅等组成的干支表，从中可明确看到"己巳"中"巳"写作 , 也有写作 和 的，与"子"的字形相似。清儒朱骏声在《说文通训定声》中指出："巳，似也。象子在包中形，包字从之……未生在腹为'巳'。"所以，"巳"字本义为胎儿，即小儿在母体中的形态。《说文解字》记载："巳也。四月，阳气巳出，阴气巳藏，万物见，成文章，故巳为蛇，象形。"借作十二地支的第六位，可以用以纪年、月、日或时。

所谓干支，由天干和地支搭配组成。天干共有十个，分别是甲、乙、丙、丁、戊、己、庚、辛、壬、癸；地支共有十二个，分别是子、丑、寅、卯、辰、巳、午、未、申、酉、戌、亥。通过天干依次和地支相配，用来记录时间的方式，就是干支系统，可用以纪年、纪月、纪日、纪时。如甲子、乙丑、丙寅等，以此类推，天干用六轮，地支用五轮，组合起来形成六十个不同的组合，称为"六十甲子"，再如此往复循环。这样的干支系统在古代中国被用来预测吉凶、安排农事、记录历史事件等。

巳，位于十二地支的第六位，在纪时中指上午九点至十一点，在纪月中是农历四月，而纪年和纪日时，需要用干支系统计算使用。在干支纪日法中，每十二天出现一个巳日，一个月有两三个巳日，"上巳"应为每月的第一个巳日，上巳节则特指农历三月的第一个巳日。

《玉篇》中指出："巳，嗣也。"这里的"嗣"指的是子嗣，说明"巳"字的本义与胎儿紧密相关，与"巳"的原始含义相呼应。在农历三月上巳日，年轻男女通过各种仪式和活动，相约于河岸郊外，追求爱情，成双成对，幽会合欢。春季，作为万物复苏、生机勃发的季节，象征着生命的开始与延续。古人将农历三月上巳日定为节日，其中蕴含着对子嗣的祈愿和对家族延续的美好愿景。

此外，在上巳节这一天，古人还会进行祓禊，以避凶除灾。祓禊也称修禊，即沐浴。东汉应劭在《风俗通义》中对"巳"字的含义进行了解释，他指出："巳者，祉也。邪疾已去，祈介祉也。"这句话表明，"巳"字不仅象征着疾病的消除，还寓意着祈求福祉的到来。清初顾炎武在《日知录》中进一步阐述了这一观点："季春之月，辰为建，巳为除……古人谓病愈为巳，亦此意也。"顾炎武的这段话揭示了古人选择在上巳节进行祓禊或修禊活动的深层原因：人们不仅希望在这一天通过仪式洗去旧日的尘埃，驱散身上的不祥之气，还期望能够借此祈求上天赐予福祉和好运。

在汉代以前，上巳节的日期必定选在巳日。《后汉书·礼仪上》中记载："是月（三月）上巳，官民皆絜（洁）于东流水上，曰洗濯祓除，去宿垢疢，为大絜。"这段记载清晰地表明，最迟至汉代，上巳节已经成为一个得到官方认可、官民共同参与的盛大节日。尽管汉代及以前已经将上巳节定为正式的节日，但由于农历三月上旬的巳

迹

片羽吉光
记载"三月三"

日每年都不固定,这给节日的庆祝带来了一定的不便。《晋书·礼志》中记载:"汉仪,季春上巳,官及百姓皆禊于东流水上,洗濯祓除去宿垢。而自魏以后,但用三日,不以上巳也。"这段文字显示了魏晋时期对这一传统节日的调整。魏晋时期,由于谶纬之术的盛行和对奇数阳数的偏好等原因,将上巳节的日期固定在了农历三月初三,故上巳节又称"重三"或"三月三"。从此,每年的农历三月初三都被统称为上巳节,无论这一天是否恰逢巳日,而这一改变使其日期更加方便民众记忆,也使得上巳节的庆祝更加普及化。

由"上巳节"变为"三月三",节日时间略有变化,但上巳节的核心精神——对美好生活的向往和对自然的亲近,依然得以传承。魏晋时期的社会生活中,人们受崇尚自然、纵情山水之风尚的影响,上巳节祈求子嗣和祓禊的内容较之前大大减少,而迎春赏游之意越发浓郁,故文人雅士相约"三月三",临水宴饮,吟诗作对,享受自然之美,蔚然成风。

博物馆里的"三月三"

典籍里的上巳节

女巫掌歲時祓除釁浴
巫祝前王也故書前爲先
鄭司農云爲先非是也
歲時祓除如今三月上巳如水上之類
釁浴謂以香薰草藥沐浴巳音祀

旱暵則舞雩
使女巫舞旱祭崇陰也鄭司農云求雨以
女巫故檀弓曰歲旱繆公召縣子而問焉
曰吾欲暴巫而奚若曰天則不雨而望之
愚婦人無乃已疏乎暵呼旱反繆音穆
縣音懸暴蒲卜反

《周礼·春官宗伯·女巫》
[清宣统元年（1909）影印本]
纵19.5厘米
横13厘米
现收藏于中国民族图书馆

迹

片羽吉光
记载"三月三"

上巳节,是中国古老的传统节日之一,从古至今已延续几千年。

关于上巳节,史书记载最早出现在周朝时期。《周礼》又称《周官》,为西周时期的著名政治家、思想家、文学家、军事家周公旦所著。周公旦创建了一整套具体可操作的礼乐制度,包括饮食、起居、祭祀、丧葬等社会生活的方方面面,是记录周代礼制最为详备的儒家经典。据《周礼·春官宗伯·女巫》记载:"女巫掌岁时祓除衅浴。郑玄注:岁时祓除,如今三月上巳如水上之类。衅浴,谓以香薰草药沐浴。"阳春三月,天气变暖,古人蛰伏了一个冬天,身上积攒了大量污垢。在医疗条件极差的古代,人们希望在春暖花开的日子里,通过举行祭祀,驱除不祥与疾病,祈求丰收与健康。人们认为水是至洁之物,可以消除一切疾病和灾难。到了西周时期,祓禊沐浴活动已经载入了官方礼制,由朝廷指定的专职女巫掌管此事。上巳节这一天,人们来到水边,由女巫主持举行祭祀仪式,祈求水神保佑丰收和平安。古人在举行重大祭神仪式前,须先进行沐浴斋戒,最好的沐浴方式为兰汤沐浴。兰草香气袭人,被视作灵物,用其进行沐浴,可驱除邪气。

上巳节祓禊沐浴作为官方礼制,从帝王到普通民众都要参与,史书中均有记载。

二十四史作为中国历代撰写的二十四部正史,内容涵盖中国古代政治、经济、军事、思想、文化、天文、地理等方面的内容,其史料都是经过考证、校勘而成,具有较

《晋书·王导传》
［民国二十三年（1934）涵芬楼影印本］
纵20厘米
横13.2厘米
现收藏于中国民族图书馆

《宋书·礼志》
［民国二十二年（1933）涵芬楼影印本］
纵20厘米
横13.2厘米
现收藏于中国民族图书馆

021 迹

片羽吉光
记载"三月三"

高历史真实性，得到历代王朝的认可与宣扬，是现代考证历史可靠的佐证。二十四史中对上巳节官方礼制也多有记载。如《晋书·王导传》记载："会三月上巳，帝亲观禊，乘肩舆，具威仪。"《后汉书·礼仪上》记载："是月（三月）上巳，官民皆絜（洁）于东流水上，曰洗濯祓除，去宿垢疢，为大絜。"《后汉书·周举传》记载："六年三月上巳日，（梁）商大会宾客，宴乎洛水。"从这几种古籍的记载中我们都可以进一步确认上巳节祓禊习俗已是官方礼制，由帝王及重要官员主持或参加，并且普通民众也都会参加，其主要内容为用流水祓禊，使身体洁净安康。

有关上巳节其他方面的记载，史书中也屡见不鲜。《宋书·礼志》记载："史臣案《周礼》，女巫掌岁时祓除衅浴，如今三月上巳如水上之类也。衅浴谓以香薰草药沐浴也。《韩诗》曰：'郑国之俗，三月上巳，之溱、洧两水之上，招魂续魄。秉兰草，拂不祥。'此则其来甚久……《论语》，暮春浴乎沂。自上及下，古有此礼。"《宋书》中对三月上巳的来源做了归纳，和《后汉书》中的记载完全一致。《野客丛书·上巳祓除》记载："自汉以前，上巳不必三月三日，必取巳日。自魏以后，但用三月三日，不必巳也。"

《后汉书·周举传》
［民国二十年（1931）涵芬楼影印本］
纵20厘米
横13.2厘米
现收藏于中国民族图书馆

博物馆里的"三月三" 022

唐代伏羲女娲图帛画

唐代伏羲女娲图帛画
纵144.3厘米
横101.7厘米
现收藏于中国国家博物馆

迹

片羽吉光
记载"三月三"

伏羲、女娲是我国传说中的创世神。许多文物或文献中，都有伏羲、女娲的形象或描述。

在中国国家博物馆中，收藏着一幅伏羲女娲图帛画。此图彩绘人首蛇身的伏羲与女娲二人。画面左侧是女娲，右手持规，身穿白色上衣，领部装饰花边，下着条纹裙；右侧为伏羲，身着宽袖红衣，左手拿矩，腰间系腰带，裙摆向外展开。两位神面对面，手搭腰间，亲密相拥。裙摆以下为尾部，尾上绘有纵向线条，并用黑色横向短线勾勒，赋予其鳞片质感，两条蛇尾相互缠绕。在二人的头顶上方，有一个圆圈象征太阳，内有一只长尾的三足乌。两条蛇尾的尾尖环抱着一个圆月，月中有捣药的白兔、挺拔的桂花树和壮硕的蟾蜍。画面四周点缀着大小圆点，代表星辰。伏羲和女娲手持的规与矩象征着他们司掌天地秩序和规范法度的职能；蛇尾的缠绕相交象征着阴阳交合、孕育生命的力量；头顶的太阳和尾绕的月亮则代表他们主宰阴阳的能力。同类型的帛画通常用于葬仪，放置于棺椁顶部或折叠置于墓主身旁。

这件伏羲女娲图帛画出土于新疆吐鲁番的阿斯塔那墓葬群，该墓葬群位于麴氏高昌国和唐西州时期的墓葬区。19世纪末以来，中外考古学者在此陆续发现了大量绘有伏羲女娲形象的画，多为绢或麻布材质，时代多集中在晋唐时期。

伏羲和女娲生活在旧石器时代中晚期，正值母系氏族社会向父系氏族社会过渡的时期。据古史记载，伏羲出生于成纪，即今天的甘肃天水。伏羲，也称伏戏、宓羲、庖牺、牺皇等，据传他观察天象地理，根据阴阳变化创造八卦，并教导民众渔猎网罟，被誉为"三皇之首"，楚帛书记载他为创世神。女娲，又称娲皇，许慎的

《说文解字》解释，"娲"意为"古之神圣女，化万物者也"。她被认为是抟黄土造人、衍生万物的人类始祖，是创造生命的女神。

《路史》注引《风俗通》："女娲祷神祠，祈而为女媒，因置昏姻。"她建立了人类的婚姻制度，促进了人类的繁衍绵延。关于伏羲和女娲的形象，古籍中多有记载，被描述为人首蛇身，如《列子·黄帝》中道："庖牺氏、女娲氏、神农氏、夏后氏，蛇身人面。"东汉王延寿的《鲁灵光殿赋》也道："伏羲鳞身，女娲蛇躯。"这些描述都与帛画中的形象相吻合。

在神话传说中，大洪水后，伏羲与女娲作为最后的幸存者而结合，繁衍人类。长沙子弹库出土的楚帛书中也有记载他们结为夫妇并孕育子女的内容。自汉代起，以伏羲、女娲为主题的画像石、画像砖或随葬品在全国各地均有发现，如武梁祠的伏羲女娲图画像石、四川郫县（今郫都区）一号石棺的伏羲女娲石刻等。1928年，考古学家黄文弼先生将新疆吐鲁番的唐代伏羲女娲图像与在山东地区发现的汉代伏羲女娲图进行对比，认为它们同源。这些图像不仅表现了民间对子孙繁衍的愿望，也表达了对人文始祖的崇拜。

在神话传说中，伏羲和女娲结合成为夫妇的日子是农历三月初三，此后他们孕育生命，子嗣绵延。至今，一些地方仍保留着"三月三"祭祀伏羲、女娲的习俗，这一天也是年轻男女在水边宴饮，在山间相约，寻找意中人，谈情说爱的日子。"三月三"也是万物生长的好时节和人类繁衍的好时机。东汉班固在《白虎通·德论四》中说："嫁娶必以春，何春者，天地交通，万物始生，阴阳交接之时也。"因此，在古人的观念里，春天最适宜男娶女嫁，以求衍嗣繁茂。

《周礼·地官司徒·媒氏》中道："仲春之月，令会男女，于是时也，奔者不禁。"周天子赋予"三月三"一个如情人节般的节日地位，使男女相会于野外水边，自由择偶，谈情说爱，这成为"三月三"节日中最核心的内容。这顺应了气候的变化和人体的发育，有利于人类的自身生产和繁衍后代，使有情人终成眷属。

025 迹

片羽吉光
记载"三月三"

唐代树下侍女六合屏风图壁画

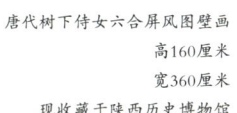

唐代树下侍女六合屏风图壁画
高160厘米
宽360厘米
现收藏于陕西历史博物馆

1987年7月，陕西省西安市长安县（今长安区）韦曲镇北原上的南里王村附近，一组唐代壁画墓被揭开神秘面纱，其中西壁的一组壁画格外引人注目。

这一组壁画为树下侍女六合屏风图，由六幅等高尺寸的作品组成，每幅间以宽约十厘米的红框相隔，因面积较大，揭取时分为六块，内容均为女子与侍从踏青、赏花、郊游等场景。画面依次为：其一，一绿襦黄裙女子，梳拔丛髻，左手前曲，右手藏于袖内，仿若感受清风，身后绿袍侍从戴黑色幞头，双手捧盒；其二，一黄襦绿裙女子，双手拱立，身体微倾，身后黄袍女童顾盼；其三，一黄襦绿裙女子左腿着地，右腿盘坐方凳，弹奏曲颈琵琶，旁有白帽黄袍男装侍从，树上绘一小猴，头部缺失；其四，一白襦黄裙女子外套绿色半袖，双腿下垂坐方凳，左手放膝，右手持团扇，身后绿袍侍从拱手，空中有两只蝴蝶；其五，一黄襦绿裙女子左手持折花，右手前屈凝视，树另一侧黄裙侍女梳羊角髻，双手前伸，空中有两只长尾飞鸟；其六，一黄襦绿裙女子双手捧琴，身后黄衣男装侍从头戴黑色幞头，肩上架竖箜篌。每幅画中间绘树，周围花草山石点缀。

这组壁画展现了盛唐时期长安上层人士的奢华墓葬风格。该墓位于长安韦曲北原，此地是唐代韦氏家族墓葬群所在，周围有韦泂墓、韦浩墓等，墓葬形制为竖井式单室砖墓，未发掘墓志，墓室内扰动严重，墓主人不详。随葬器物以小型器为主，规格在唐代壁画墓中较低，墓主人或为韦氏家族地位较低成员。壁画画风略显粗简，应是民间画师所绘，整个画面行笔恣意流畅，线条粗细变化明显，为典型的兰叶描。画面内容多为民间生活，描绘对象以社会下层人物为主，侍女体态丰腴，衣裙宽大飘逸，画面整

唐代树下侍女六合屏风图壁画（局部）

体风格处于盛唐之后、中唐前期。

在北魏时期，墓葬壁画中就已出现以红线作为边框以及画中出现侍女的创作形式与内容，而最早成形的屏风式壁画出现于北齐墓中。唐代是墓室壁画繁荣时期，屏风画较为常见，广泛分布于多地，六合屏风多与墓室结构配合，模拟居室。以树和人物组合的墓室屏风画有多种，其中树与女子结合的壁画仅见于李勣（徐懋功）墓、燕妃墓、鄜州刺史元师奖墓、节愍太子李重俊墓、韦慎名墓、韦氏墓等关中地区部分唐墓，体现了长安上层人士奢华生活。

此外，这组壁画有诸多胡风特征，如起源于西亚的竖箜篌、起源于波斯的曲颈琵琶、来自印度的四足方凳，以及人物"胡坐"的姿态等。再如一扇屏风画中，一位梳着双丫髻的女童穿着黄色圆领缺袴长袍，这种女穿男装的风尚，源自胡人服饰文化，表明盛唐后胡风已逐渐渗透平常的百姓生活。

南里王村出土的这组唐代树下侍女六合屏风图壁画，树木花草新绿，人物薄衣单袖，应是农历三至四月间，人们在明媚春光中，赏景奏乐，享胡风新潮，沐浴在上巳节的欢愉之中。它们是墓室中的"画中画"，寄托了墓主来世的愿望以及生者的祈愿。

迹

片羽吉光
记载"三月三"

唐代鎏金蔓草花鸟纹银羽觞

羽觞，因其形状像爵两侧有耳，又像鸟的双翼，故称羽杯、耳杯，是中国古代的一种盛酒器具。它初现于战国时期，盛行于汉代，一直延续使用至魏晋，最早见于《楚辞·招魂》中的"瑶浆蜜勺，实羽觞些"。

1970年陕西省西安市南郊何家村窖藏的发掘，是20世纪对唐代考古一次划时代的重要发现，其金银器称得上是"皇冠上的明珠"。其中出土了两件造型、大小、材质、纹饰基本一样的鎏金蔓草花鸟纹银羽觞，此处以一件为例进行详细介绍。这件羽觞为椭圆形，侈口平底，由蔓草纹将器体分为四个区域。内底錾刻团花状蔷薇花，花瓣层次分明，花蕊细腻逼真。内壁刻折枝花四株，它们枝叶宽厚肥大，肆意舒展，花叶间填补缭绕着的流云纹，更为其增添了几分灵动与神秘。外壁长边两侧双耳下分别装饰一只站立在莲蓬上的鸿雁或鸳鸯，短侧两端的莲座上，亦有两只相对而立的鸳鸯和回首前望的鸿雁。鸿雁和鸳鸯在唐代文化中常常被赋予吉祥、美好的象征意义，反映了人们对美好生活的向往和追求。外底与内底饰以相同的蔷薇团花，双耳上錾刻的小团花与四角的纹饰相互映衬，精致典雅，构建了一幅和谐的画面。除此以外的空白处填补排列整齐而细密的鱼子纹，仿若繁星点点，进一步增强了装饰效果并增加了艺术价值，体现了唐代高超的金银器制作工艺和审美水平。羽觞器体由厚厚的银片锤揲制成，这种制作工艺在唐代较为常见。通过锤揲工艺，可以使银器具有一定的形状和厚度，同时也能够增加器物的体积感和立体感。两侧长方形双耳的设计不仅方便使用者拿取，增添了

迹

片羽吉光
记载"三月三"

实用性,焊接的制造方式还为器物的整体造型增添了一分稳重和大气。纹饰处的鎏金处理,让整件银羽觞在光线下金光灿灿,尽显盛唐的雍容华贵之气,具有极高的艺术价值和历史价值。

上巳节,源于先秦时期祓禊求子活动。人们会到水边举行祓禊仪式,以清洁身体、驱除不祥,仪式完毕后,人们也会用"酌酒于杯,浮于流水,随波传送"的喝酒方法来为国家祈福免灾。最早在西汉时期的《礼记·礼运》中,就有"污尊而抔饮"的记载,意思是人们在祭奠天地祖先时,掘黄土为坑,把土坑当成可以盛酒的酒樽,然后俯身以手捧酒而饮,表达对祖先的谦敬,对鬼神的恭敬。而羽觞的形象与上述描述十分一致:其椭圆状既是代表可以在溪水里漂浮起来的船,更是表达双手合抔。所谓抔,就是用两手捧的样子。而它的耳部,既利于人们更加方便快捷地传递,又能双手持双耳,将酒倒入口中,一饮而尽。甚至有一种说法,羽觞的双耳,就是代表双手捧起羽觞时大拇指的形象。

汉代以后,上巳节逐渐成为一个重要的节日;魏晋以后,上巳节固定在农历三月初三,其内容更加丰富。在社会繁荣昌盛、国泰民安的唐代,上巳节迎来了它的辉煌鼎盛期。唐玄宗开元七年(719)就有上巳节放假一天的规定。唐德宗贞元四年(788)颁布《三节赐宴赏钱诏》,给予制度化的资金支持。唐宪宗元和年间的一次上巳节,白居易参加皇帝主持的曲江宴会后留下了《上巳日恩赐曲江宴会即事》:"赐欢仍许醉,此会兴如何。翰苑主恩重,曲江春意多。花低羞艳妓,莺散让清歌。共道升平乐,元和胜永和。"字里行间充满了感恩、欣喜之情,更表达了他认为此次宴会比兰亭集会更胜一筹的骄傲自得。漆质、木

唐代鎏金蔓草花鸟纹银羽觞
杯高3.2厘米
杯口长径10.6厘米
杯口短径7.5厘米
杯壁厚0.2厘米
耳壁厚0.24厘米
现收藏于陕西历史博物馆

质羽觞轻便且易于漂流，经常作为上巳节活动的首选，而玉质、金银质羽觞因其更显尊贵和典雅，通常被用于宫廷或贵族的宴会中。置羽觞于盘上，放盘于曲流，盘随水转，轻漂慢泛，转至谁前，谁就执杯畅饮，唐代诗人王维更是留下了"曲江流饮"的美谈。唐朝殷尧藩《上巳日赠都上人》"三月初三日，千家与万家"、唐朝白居易《三月三日祓禊洛滨》"禊事修初半，游人到欲齐"，描写了上至王公贵族，下至平民百姓，无不沉浸在节日的欢乐氛围之中的胜景。

　　羽觞与上巳节之间紧密相连。上巳节提供了节日背景和氛围，而羽觞则是上巳节活动中不可或缺的饮酒器具。羽觞承载的不仅仅是美酒，更是千年的文化传承与诗意情怀。它见证了文人墨客的才情挥洒，目睹了春日盛景下人们对美好生活的向往与追求，它在水流中漂流，也象征着人生的起伏和变化，人们通过赋诗表达对人生的感悟，体现了对生命的尊重和对生活的热爱。羽觞每一次顺流而下，诗人每一首即兴赋诗，都为这传统节日增添了一抹如梦似幻的浪漫色彩，让春日的气息与文化的韵味交织融合，愈发醇厚。

迹

片羽吉光
记载"三月三"

紫禁城里的曲水流觞

故宫博物院收藏有明代黄宸所绘的曲水流觞图卷。黄宸，字景州，自称长啸生，江苏吴江人，擅长画山水及花鸟。画面表现的正是兰亭雅集的盛况，该图前段绘王羲之于亭中观鹅，二童子侍立左右，一童子在屏风后温酒。其后茂林修竹中四十一名文士列坐于弯曲的溪水两岸，饮酒赋诗，畅叙幽情，完整地再现了东晋永和九年（353）兰亭修禊、曲水流觞的情形。

故宫博物院收藏的清人绘雍正十二月行乐图轴，无款印，按春、夏、秋、冬四季十二个月的顺序排列，是一组表现雍正皇帝日常生活的作品，分别为"正月观灯""二月踏青""三月赏桃""四月流觞""五月竞舟""六月纳凉""七月乞巧""八月赏月""九月赏菊""十月画像""十一月参禅""腊月赏雪"。其中一轴描绘暮春时节雍正皇帝在园林中行乐的场景。画面中树木刚刚露出嫩绿色的新芽，远处孩童于树下嬉戏，雍正皇帝坐于画面左侧的屋内抚琴，近处溪水蜿蜒，水流潺潺，侍者将酒杯置于溪水之中，水边文人聚集，三五成群，或倚靠，或举杯，或沉吟，可能也是在追慕那魏晋风流之姿吧。

故宫博物院内的曲水流觞称为"流杯渠"，位于宁寿宫花园的禊赏亭，此亭始建于清乾隆三十七年（1772），是乾隆皇帝取王羲之《兰亭集序》中的"曲水流觞"场景而建造。流杯渠所在地面由石板铺成。造型以中间为对称轴，两侧各有 4 道弯曲的水槽。水槽全长 27 米，为"九曲"之形状，弯曲弧度、宽窄随位置的变化不一。

博物馆里的"三月三"

034

清雍正十二月行乐图轴
之"曲水流觞"
纵188.2厘米
横102.2厘米
现收藏于故宫博物院

迹

片羽吉光
记载"三月三"

  三月暮春时节，万物欣欣向荣，人们春心荡漾。在《诗经》《论语》等早期典籍的记载中，每逢此时人们会走出家门，流连光景、游戏春色。此外，还有着修禊这样的民间习俗——人们集于水边涤濯祓禊，举行祓除仪式，把一年的灾祸邪祟与尘浊污垢一起荡涤干净。《后汉书·礼仪上》记载："是月（三月）上巳，官民皆絜（洁）于东流水上，曰洗濯祓除，去宿垢疢，为大絜。"彼时的先民们认为祓除仪式之后，可以阳气布畅，万物讫出。《南齐书》中则明确指出了"祓禊"活动发生在三月初三："三月三日，清明之节，将修事于水侧，祷祀以祈丰年。"魏晋南北朝时期，上巳时节的临水游乐、修禊活动演变为"曲水流觞"。在《荆楚岁时记》中记载了一则晋武帝与下臣之间关于三月曲水其义何来的问答，最终尚书郎束皙以"昔周公卜成洛邑，因流水以泛酒。故逸诗云：羽觞随波流"和"秦昭王三月上巳置酒河曲，有金人自东而出，奉水心剑曰：令君制有西夏。及秦霸诸侯，乃因其处立为曲水祠"两则典故，以及两汉相沿此习俗，且规模日盛之说，令晋武帝十分满意。不论如何，古老的祈祀活动已经在美酒的催化下，变得越来越诗情画意起来，仪式的意义好像不那么重要了，重要的是人们寄情自然，随性而为的洒脱与自在，曲水流觞更是在文人士大夫阶层留下了数不尽的风流佳话和诗词名篇。

  正所谓："上巳兰亭修禊事，一年春色又杨花。"自王羲之与其好友为修禊之事会于会稽山阴，曲水流觞便成为中国古代文人雅聚的经典范式。苏东坡先生亦有"相将泛曲水，满城争出"之语来形容古时曲水流觞活动的盛况。清代，曲水流觞这样的雅事虽然在民间日渐式微，但却得到了追求文人意趣的帝王推崇，在皇家园林或宫殿中的休憩之所建有流杯亭、流杯渠。

博物馆里的"三月三"

明代黄宸曲水流觞图卷（局部）
全卷纵29.8厘米
横252.4厘米
现收藏于故宫博物院

037　迹

片羽吉光
记载"三月三"

故宫博物院宁寿宫花园中禊赏亭内的"流杯渠"
图片来源于故宫博物院官网

博物馆里的"三月三"　038

清代余崧兰亭修禊图轴

清代余崧兰亭修禊图轴
纵283厘米
横140厘米
现收藏于中国国家博物馆

迹

片羽吉光
记载"三月三"

时光回溯至东晋时期穆帝在位的永和九年（353），右军将军、会稽内史王羲之和谢安、谢万、孙绰、王凝之、王徽之、王献之等四十余位文人雅士，集聚绍兴兰渚山下的驿亭，作修禊之会。少长群贤分坐曲水两侧，以觞盛酒置于水中，酒杯溯流而下，漂流到谁身前则谁须即兴赋诗一首，无法赋诗者便罚酒三斗。这次聚会共留下五言诗二十三首、四言诗十四首，汇成诗集，推举王羲之写序。王羲之微醉之中，振笔直遂，乘兴挥写《兰亭集序》。

曲水流觞的传统借这篇《兰亭集序》，从朴素的民风升华为文人墨客寄情山水的高雅之事，成为历代文人追寻心灵归宿和精神家园的途径。后人将此行之于图，逐渐发展成为别具一格的绘画母题：兰亭修禊。目前，存世可见的近代以前有关兰亭修禊主题的作品超过四十幅，被收藏于各大博物馆或个人藏家手中。

描绘兰亭修禊内容的图像从唐代开始在画作中产生，《萧翼赚兰亭图》描绘了唐太宗御史萧翼从王羲之第七代传人僧智永的弟子辩才手中骗取《兰亭集序》献给唐太宗的故事。直接表现兰亭雅集的绘画作品，从《宣和画谱》记载宋徽宗内府藏五代荆浩、关仝所作的《山阴宴兰亭图》始。北宋李公麟刻《曲水流觞图》成为典型范式，在南宋时被大量翻刻，兰亭修禊的图像自此进入大传播时代。明清时期，兰亭修禊主题图画创作最为繁荣鼎盛，达到数量上的高峰。绘画、工艺品等各种形式的图像作品大量增加，宫廷内部还继承了宋代石刻传统模式并加以翻刻。元代钱选，明代文徵明、仇英、陈洪绶，清代董邦达、任伯年等画家都有兰亭修禊相关的传世之作。在这些兰亭修禊主题创作中，过去的图式不断融入体现时代特色与个人风格的元素，传递出对魏晋文士超然品格的崇尚。

中国国家博物馆馆藏的兰亭修禊图轴是清代画家余崧所绘。余崧作为旅日画家，能查到他的相关资料屈指可数。《中国古代画家辞典》记录，余崧为乾隆、嘉庆时人，字维岳，号秋亭，江苏元和（今苏州）人。善人物、写真，得法于李默，线条简洁流畅，造型生动逼肖。兼写山水、花卉，构图严谨，用笔精微，雅静有致。在日本，余崧的影响力很大，他被归入著名画家的行列。Weblio日中中日辞典上关于余崧的记载翻译如下：清代画家。江苏生。号秋亭，字维岳，擅长画花鸟画。享和二年（1802）来日本，活跃于乾隆嘉庆年间。浅野长祚撰《溯芳阁书画铭心录》也有关于余崧的记载："以百花卷为第一，红紫陆离、绚烂夺目……其次则松鹤图绢本直幅，苍润可人，非庸手所及……"

目光回到画面中，右上角楷书自题"兰亭修禊"，其左侧行书"丁丑暮春之初秋亭余崧写"，下方竖排两枚红印。由此可知，此画绘制于1817年农历三月初。画面青绿设色，用色秀润、浓淡相宜，空间错落有致、松弛有度。整幅画的用笔一丝不苟，先勾勒出山石、树木的轮廓，然后再细致渲染，山野苍翠不显刻板。画中山峰巍峨耸立，林木蓊郁，一派春光明媚的景象。山涧中曲水蜿蜒而下，以"S"形贯穿画面，两岸错落分坐与会宾客。人物三五成群，用植物、山石等间隔，相互顾盼，神貌不一，动作姿态各不相同。细审画面，书童有的在烧水煮茗，有的在溪边放置或捡拾酒觞，有的环侍宾客左右，并不只是刻板地跟随，让整体风格呈现闲适愉悦的格调。宾客或促膝高谈，或站立寒暄，或推杯换盏，场面十分融洽。人物虽姿态各异，但都注目于溪水中漂流而下的酒觞。酒觞效仿金谷雅集"罚酒三觞"之俗而来，是此次流芳禊事雅趣的关

迹

片羽吉光记载"三月三"

键物品。

  此轴更着墨于山水的营造,暮春时节山林枝叶繁茂的景象被描绘得淋漓尽致,参加雅集的人数不再照搬历史上四十余人的记录,一眼望去只见零星的宾客散坐,人物刻画也只是细笔勾勒,略赋淡彩。与其他兰亭图不同的是,这幅画面中没有出现兰亭,描绘的重点已不再仅限于兰亭修禊活动,而是将修禊活动与"曲水流觞"作为追忆先贤文明的雅事。兰亭本身属于人造物范畴,若把它置于画中,就违背了画作远离尘世喧嚣的立意,因此这一世俗物象就被从画中剔除了。背景中的竹林也被替换成了松林,它象征的正直、朴素与君子所追求的坚贞品行相契合,其象征意义与竹子相比更为强烈。

  自然山水景致与人物相互交融、紧密结合,生动再现兰亭文人于曲水流觞之间赋诗饮酒的情景,营造出兰亭修禊清雅脱俗的集会氛围,透露着魏晋风流的内在精神意蕴,反映的审美趣味显示了余崧的美学追求和高雅品位。

博物馆里的"三月三"

民国定武兰亭真本

永和九年歲在癸丑暮春之初會
于會稽山陰之蘭亭脩稧事
也羣賢畢至少長咸集此地

民国定武兰亭真本
［民国十九年（1930）影印本］
纵43.5厘米
横30.7厘米
现收藏于中国民族图书馆

迹

片羽吉光
记载"三月三"

东晋穆帝永和九年（353），一个风和日丽、阳光普照的春日。在会稽郡山阴（今浙江绍兴），时任右军将军、会稽内史的王羲之邀请好友谢安、孙绰等四十余人会聚会稽山兰亭，开怀畅饮，吟诗作赋。宴饮结束之后，王羲之将与会者所作的诗赋编撰成集，并即兴挥毫，作序一篇。在这篇序中，他主要记叙了兰亭宴饮的盛事，抒发了内心的真情实感，这就是千古名篇《兰亭集序》。

王羲之（303—361），字逸少，号澹斋，出生于琅琊临沂（今山东临沂），后迁居会稽郡山阴，晚年隐居剡县金庭。王羲之是东晋时期著名书法家，其书法兼善隶、草、楷、行各体，广采众长，熔于一炉，摆脱了汉魏笔风，自成一家，影响深远，创造出"天质自然，丰神盖代"的行书。《兰亭集序》被历代书法家公认为举世无双的"天下第一行书"，王羲之则被后人尊称为"书圣"。

《兰亭集序》帖在唐代初期进入御府，使得许多书法家纷纷进行临写拓摹。唐太宗李世民酷爱王羲之的书法，尤其在得到这篇《兰亭集序》后，更是爱不释手，命众人临摹副本。唐太宗去世后，时人竟将真迹作为殉葬品埋于昭陵。因此后世再无缘见到《兰亭集序》的真迹，所能见到的都是其临摹本。在诸多摹本拓本中最具特色的应为唐代欧阳询手摹并刻石的《兰亭集序》，置于唐学士院。以《兰亭集序》为母本的刻石甚多，但此刻石浑朴、敦厚，为诸刻之首。该刻石饱经波折，历时四百余年后，于北宋年间在定武（今河北定州市）被发现，因此被命名为《定癸丑暮春之初会于会稽山阴之兰亭修禊事也群贤毕至少长咸集此地有崇山峻岭茂林修竹又有清流激湍映带左右引以为流觞曲水列坐其次虽无丝竹管弦之盛一觞一咏亦足以畅叙幽情是日也天朗气清惠风和畅仰观宇宙之大俯察品类之盛所以游目骋怀足以极视听之娱信可乐也夫人之相与俯仰一世或取诸怀抱悟言一室之内或因寄所托放浪形骸之外

迹

片羽吉光
记载"三月三"

武兰亭》。中国民族图书馆现藏定武兰亭真本一册,为民国十九年(1930)由故宫博物院据元柯九思旧藏拓本影印出版。"柯九思本"拓本真迹现藏在台北故宫博物院,虽然我们不能轻易见到其真面目,但是通过馆藏影印本,也能从中领略到千年前王羲之行书的风采。

"永和九年,岁在癸丑,暮春之初,会于会稽山阴之兰亭,修禊事也。群贤毕至,少长咸集。此地有崇山峻领(岭),茂林脩(修)竹,又有清流激湍,映带左右,引以为流觞曲水,列坐其次。虽无丝竹管弦之盛,一觞一咏,亦足以畅叙幽情。"这是《兰亭集序》第一段的内容,里面讲到了一个重要节日及其习俗,就是上巳节及其习俗,即修禊事,并"流觞曲水"。

《兰亭集序》
(局部,唐冯承素摹本)

民国畲族民歌抄本

民国畲族民歌抄本
纵18.8厘米
横15厘米
现收藏于中国国家博物馆

一盏青茶带了万 到茶郎食心造食
表妹作人情义好 食了娘茶有对长
二盏清茶摔来难 贤娘来到奉上盏
到茶也爱茶官迎 茶盅内亲是谁肝
三盏清茶白莲连 贤娘到奉何华
到茶也爱茶盅定 到茶郎食记着你
四盏清茶叶奉全 贤娘到茶奉来近
到盏也爱茶官定 到茶郎食正何娘
五盏清茶五路米 红花吐情白匕
中央又起兰花组 再边普路妹来行
六盏清茶氣三和 介介起立呈皮包
我郎双手接来食 从怕贤娘足好笑
七盏清茶者了青 娘到郎食通心异
茶是元仙吉人义 食了郎茶侯射着
八盏清茶八路米 拿分捍上西三步
茶是元仙吉人食 等娘你见郎澜米
九百捍上等娘食

片羽吉光
记载"三月三"

畲族是一个喜爱唱歌的民族。畲族男女老少，人人善歌，唱山歌更是畲族人民劳动和生活的重要文化活动形式，畲族谚语中即有"酒醉不如歌醉好"的说法。"三月三"是畲族同胞"以歌代言、以歌会友、以歌传情"的民歌盛会。

畲族民歌内容丰富，题材广泛，大致可分为叙事歌、杂歌、礼俗歌等多种类型。其中，叙事歌以神话传说歌与小说歌为主体，通常篇幅较长，歌词具有较强的叙事性与连贯性，且多有相对规整的书写本。杂歌是畲族流传最广、数量最大的一类歌言，包含情歌、劳动歌、时令歌、赛智歌、传理歌等多种类型，是畲族民众托物言志、借景抒情、赛智比才的关键载体。礼俗歌则是与祭祀仪式及人生礼俗活动密切相关的一类歌言，前者以科仪唱诵为重要表现形式，后者则贯穿于畲族人生的各个阶段，且以婚丧礼俗歌最具代表性。畲族民歌一般以七言体韵文为一句，四句为一段，俗称为"一条"，也有少数歌词第一句为三字或五字。多条歌词以某种修辞手法连缀成篇，俗称"一连"。畲族民歌有严格的韵律规范，第一、二、四句同韵，句末字押平声韵，第三句末字押仄声韵。此外，还有一种被称为"三条变"的特殊格式，即三段歌词内容基本不变，只分别变第二、第三条的一、二及四句末字。

畲族民歌抄本作为畲族歌言的物质载体，在畲族民众的生活中具有追忆祖先、传授知识、传承文化、娱乐生活及凝聚民族情感的重要作用。虽然畲族没有自己的文字，但其在学习和借鉴汉文化的过程中，逐渐将汉字作为书写的重要工具，并在此基础上形成了以汉字记录畲语音的民歌手抄本。中国国家博物馆藏有一定数量的畲族民歌抄本，时间跨度从清中期到现代，前后180余年。本文所展示的民国畲族民歌抄本共17页，征集于浙江丽水地区。封面书"中华民国三十四年（1945）冬月立""钟鹤奇"等字。歌本共收录歌言8首，共计123条，基本为七言体韵文，其中偶有七言体中个别句为三言、五言、六言的情况。其中5首署有歌名，分别为《问娘歌》一连11条、《青茶歌》一连10条、《石榴歌》一连10条、《三十六劝》一连36条、《彩（采）花歌》一连12条。另有一首一连10条，虽未署名，但根据歌言内容，当为《笔头落纸歌》。此外，歌本后半段附有《钟文和歌本簿》，收录有两首歌言，皆未署有歌名，第一首一连24条，尚无法定名，第二首一连10条，根据歌词内容可定名为《白纸写字真了真》。

歌本收录的8首歌中，《青茶歌》《彩（采）花歌》《白纸写字真了真》《笔头落纸歌》皆属畲语情歌。"青茶"或"清茶"指绿茶，《青茶歌》主要流行于浙西南一带。畲族邀请异性对歌前要先敬茶，由饮茶而发的民歌一般为"起头歌"，《青茶歌》即为此类。《彩（采）花歌》亦流传于浙西南一带，该歌词以"彩（采）花"作喻，每节首句以农历正月至十二月为序，在抒发女子爱恋之情的同时，也描写了按时令安排农事及劳动时的心情，兼具有时令歌的特点。《白纸写字真了真》流传于浙江丽水一带，歌词表达了择偶要以真心为基础，不为贫富所动摇的思想。《笔头落纸歌》流传于浙西南一带，歌词以"笔落纸"引题，每节首句以数字为序，借笔书写男子对女子的感情，洋溢着欢乐之情。《三十六劝》属传理歌，歌词以数字为序，规劝女子要"爱学贤""心莫粗""爱学真"等，有教育作用。

畲族民歌是中国原生民歌体系中重要的音乐形式之一，是畲族人民在生产生活实践中创造并流传下来的珍贵文化遗产，也是中华优秀传统文化的重要组成部分。改革开放40多年以来，随着党和国家对民族优秀文化遗产的大力扶持，以"三月三"为代表的畲族文化遗产也迎来了新的发展机遇。每逢"三月三"，畲族群众都要

迹

片羽吉光
记载"三月三"

做"乌饭"（即用乌稔树叶蒸的糯米饭），并举办包括歌会、祭祀、传统舞蹈、武术竞技等在内的各种庆典活动。而其中最激动人心的，便是"三月三"歌会。在歌会上，畲族男女老少身着盛装，结伴欢歌，呈现出一派欢乐喜庆的景象。"三月三"歌会以对歌为主要形式，对歌即赛歌，畲语称为"唠歌"。畲家的火炉塘、老屋厅堂、祠堂、谷场等，皆是畲族群众对歌的舞台。而除了传统的山歌对唱形式外，各种畲族民间舞蹈、体育竞技等亦被搬上舞台，进一步丰富了"三月三"歌会的内容与形式，使得这一民间盛会成为多角度、多层次展示畲族优秀传统文化的平台。

这些被精心记录于畲族民歌抄本中的文字，宛如一扇明窗，让我们得以真切窥探畲族人民丰富多彩的社会生活，深切感受他们真挚质朴、深沉热烈的情感脉搏。这些文字，是畲族文化的鲜活灵魂，也是我们深入理解和认识畲族文化精髓的珍贵宝藏。

民国畲族民歌抄本

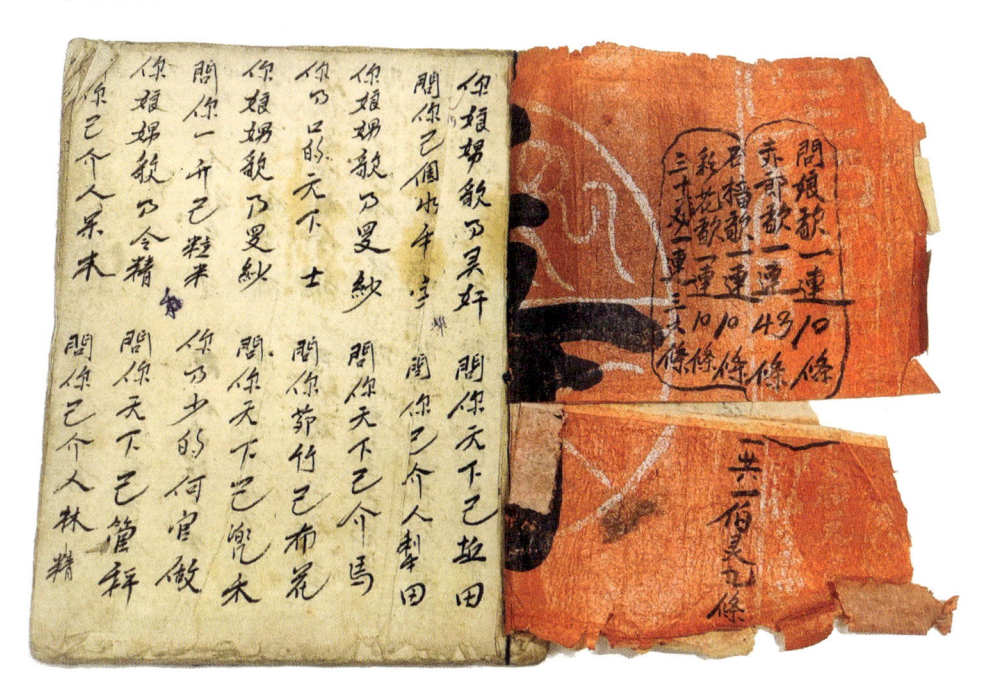

广西各民族歌本

壮族歌本
纵14厘米
横16.3厘米
现收藏于广西民族博物馆

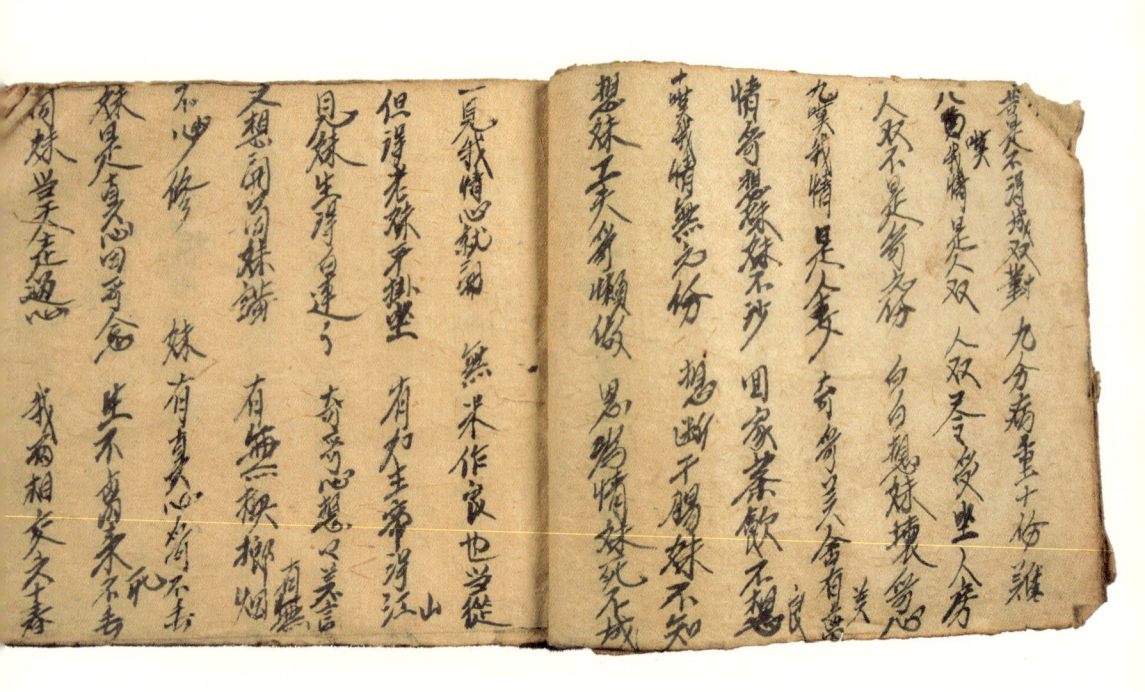

迹

片羽吉光
记载"三月三"

广西素以"歌海"著称,境内的壮族、瑶族、苗族、侗族、毛南族等民族都善于唱歌。在广西,聚会对歌的习俗广泛存在于许多民族中。壮族聚居地区每年都会举办数次定期歌圩,其中以"三月三"歌圩最为隆重。而侗族、苗族、仫佬族等民族也有唱山歌的传统。侗族的花炮节、苗族的"跳月""芦笙会"、仫佬族的"坡会"等节日活动中,聚会对歌都是必不可少的环节和内容。

歌圩是一种定期聚会对歌的习俗。宋朝《太平寰宇记》中有关于今广西昭平、平乐一带壮族歌圩的记述,即

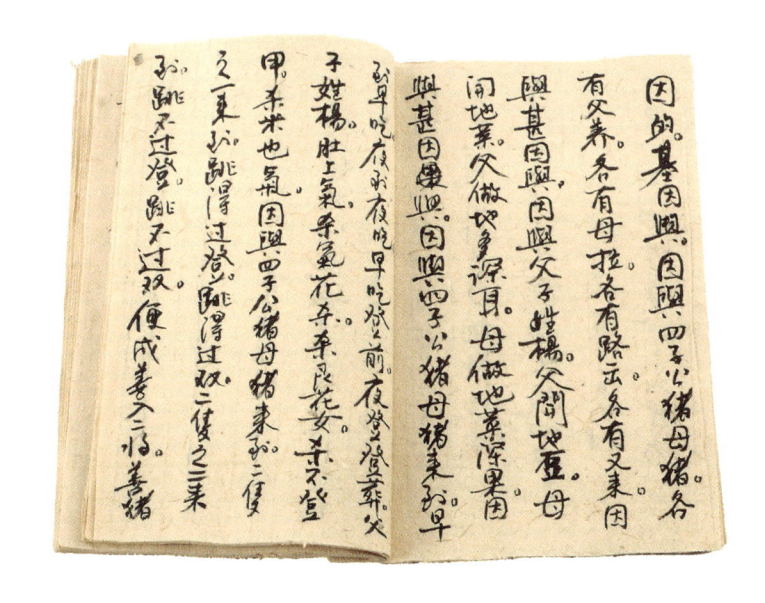

侗族歌本
纵23.3厘米
横17.3厘米
现收藏于广西民族博物馆

"僮（壮）人于谷熟之际，择日祭神，男女盛会作歌"。南朝梁吴运《安城志》中记载广西宾阳有"乡落唱和成风"之俗，壮族"男女盛服，椎髻徒跣，聚会作歌"。明朝邝露《赤雅》中有关于侗族男女青年对歌谈情的记载："峒女于春秋时，布花果笙箫于名山。五丝刺同心结，百纽鸳鸯囊。选峒中之少好者，伴峒官之女，名曰天姬队。余则三三五五，采芳拾翠于山椒水湄，歌唱为乐。男亦三五成群，歌而赴之。"清朝文人赵翼在《檐曝杂记·边郡风俗》中记载广西苗族青年男女对歌的场景："粤西土民及滇、黔苗、倮风俗，大概皆淳朴……每春月趁圩唱歌，男女各坐一边，其歌皆男女相悦之词。其不合者，亦有歌拒之，如'你爱我，我不爱你'之类。若两相悦，则歌毕辄携手就酒棚，并坐而饮，彼此各赠物以定情，订期相会，甚有酒后即潜入山洞中相昵者。"广西歌圩上人们所唱山歌的题材内容，从盘古开天辟地到生产生活、风俗习惯、亲情爱情等，包罗万象。广西山歌最大的特点是凡事都以歌表达，歌曲现编现唱，所有歌手都有触景生情、即编即唱、对唱

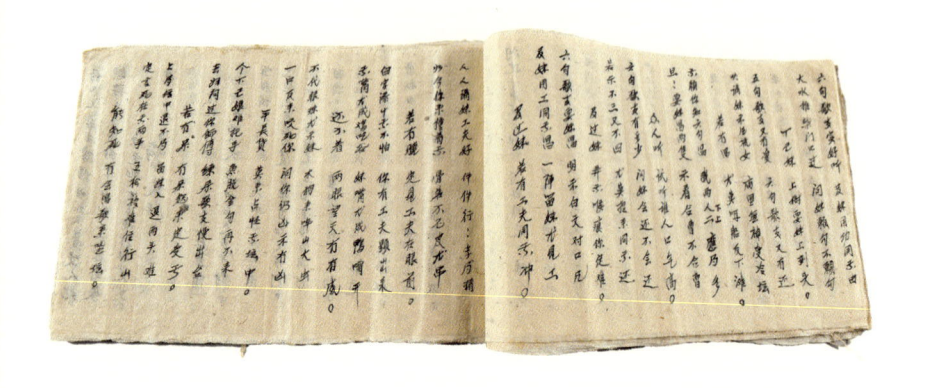

仫佬族歌本
纵18.5厘米
横29.5厘米
现收藏于广西民族博物馆

片羽吉光
记载"三月三"

如流的本领和技能。

　　从现存各博物馆的歌本中，我们可以窥见这些山歌丰富的内容及其文化意蕴。从唐代起，壮族先人仿造汉字的音、形、义结构创造了古壮字，壮族民众开始使用古壮字书写记录山歌。其他民族用土俗字（汉字译注民族语音）书写记录本民族山歌。广西各民族山歌的句式受汉族诗歌的影响，以七言四句式为主，民间歌手运用自己的民族语言娴熟自如地创作或编唱。壮族山歌主要用两种语言诵唱，即壮语和汉语（这里指桂林、柳州地区的方言），百色、崇左、南宁等地山歌流行用当地壮语诵唱，而桂林、柳州、河池、来宾等地山歌主要用汉语方言诵唱。

　　广西的山歌在借鉴融合汉文化和地方民族文化的过程中发展创新，使之既有地方民族文化特色，又包含着诸多中原文化元素。2006年壮族歌圩入选了第一批国家级非物质文化遗产代表性项目名录。歌圩已成为"三月三"这一重要传统节日中不可或缺的一部分。

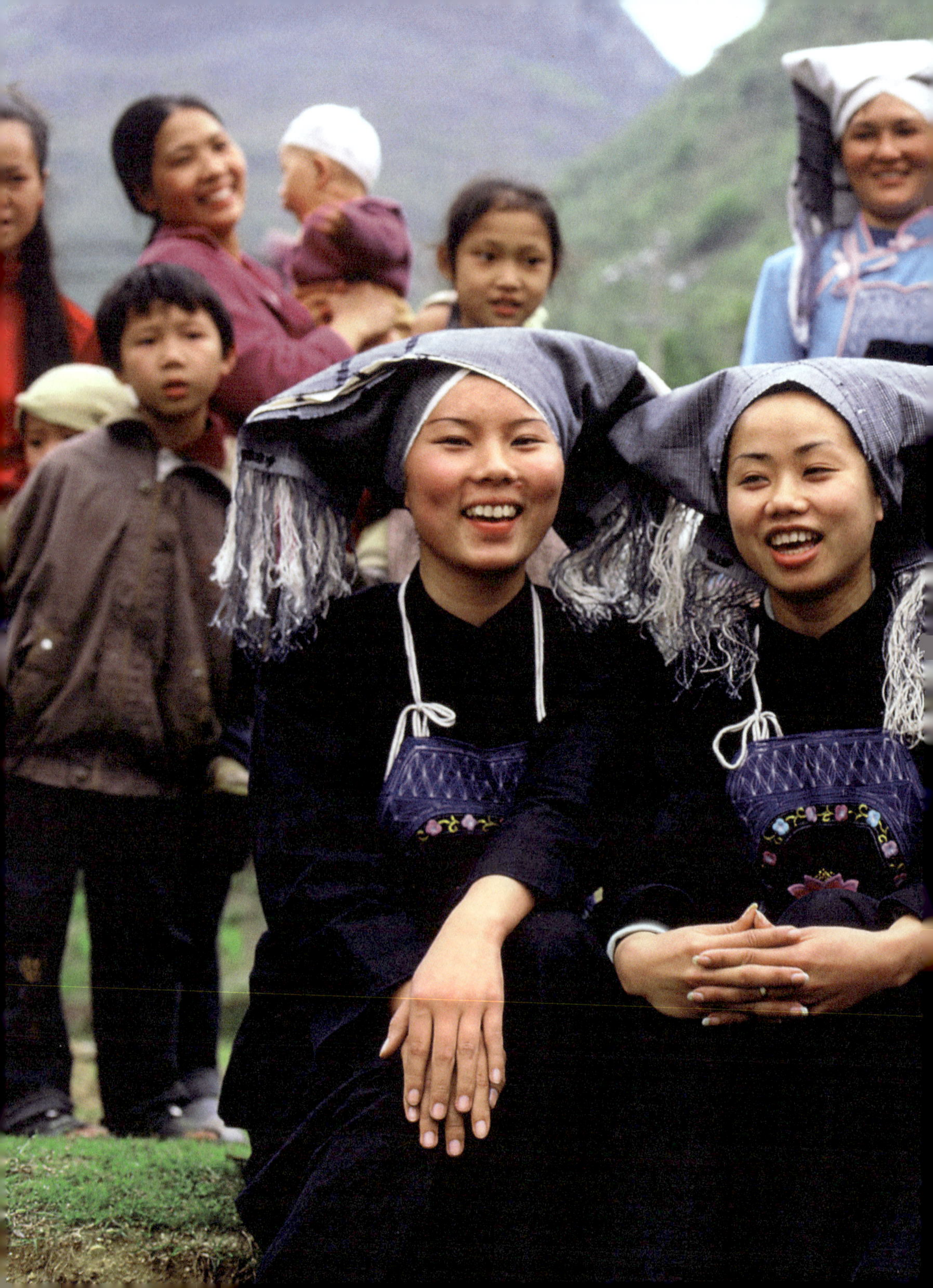

21世纪初,广西东兰县长江镇
兰阳村"三月三"歌会
梁汉昌 摄

博物馆里的"三月三"

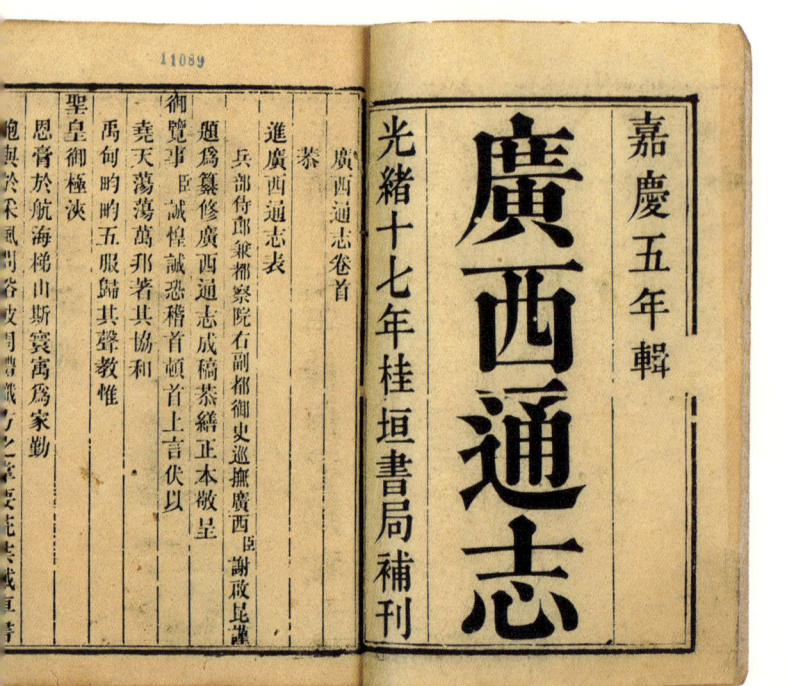

广西旧方志里的『三月三』

《广西通志》
[清嘉庆五年（1800）辑，
光绪十七年（1891）桂垣书局补刊本]
纵24.6厘米
横16.6厘米
现收藏于广西壮族自治区博物馆

迹

片羽吉光
记载"三月三"

方志是记载一定历史时期一定地域内自然与社会各方面情况的综合性典籍,各地方志文献中往往蕴含着丰富的历史文化信息,被称为"一地之百科全书""一方之全史"。在广西壮族自治区博物馆馆藏的历代地方志中,有许多关于广西地区"三月三"相关节庆习俗的记载。

民国《思乐县志》记载:"三月三日,为上巳节,按古郑国之俗。三月上巳,溱洧两水,执兰招魂续魄,祓除不祥。"但是在千年之后的广西,已基本"无修禊之事"。民国《象县志》言"至上巳无修禊者",民国《柳城县志》亦言"上巳不知祓除"。经过千百年来与中原地区的文化交融,广西地区"三月三"的文化含义已发生了一定变化,不再仅限于"上巳祓禊",在节庆活动的内容中增加了不少当地特色,形成了不同的民俗活动和文化习俗,如扫墓踏青、染饭赠食、文昌诗会、北帝诞祭、花炮争魁、歌圩相会等。

在清代至民国时期,广西南宁周边及桂西、桂南等地区盛行"三月三"阖家团聚,携糯米饭、花糕等祭品,组团进行扫墓、饮宴、踏青等活动。清道光《南宁府志》、民国《邕宁县志》等记载,在南宁城厢,大家于"清明户插杨柳……数日内祭墓,供乌米饭,乡村则专用三月三日"。

在崇左、百色等地,清光绪《镇安府志》记载:"三月三日,染五色饭,割牲烹酒,男妇咸出拜墓,以石灰涂冢,以纸钱挂树,饭食而归。"清光绪《归顺直隶州志》记载:"三月三日,染五色饭,割牲煮酒,男妇咸出墓,以石灰涂冢,以纸钱挂墓前,饭食而归。"民国《龙州县志》记载:"祭墓在乡以三月三日……三月三日乡间中户户具糯米饭燉(炖)白糕祭墓。"民国《龙津县志》记载:"三月间城厢内外为拜扫先人坟墓,亲朋戚友互相敦请至于坟所,宴饮联欢颇近奢侈。"在民国《上思县志》中亦有"三月三日,染五色糯米饭,宰牲备酒,拜扫坟墓,补新土卦纸钱,随就墓前醉饮而归"等内容。

在北部湾地区,清道光《廉州府志》、民国《合浦县志》等记载:"三月上巳祓禊,清明插柳于门,其前后十日扫墓郊行谓之踏青。亦曰'铲草',俗曰'挂纸',以楮置坟上也。《岭南杂记》云'宗孙盛者,如积雪'。"

在桂东南地区,清光绪《平南县志》记载:"三月扫墓,土人多在于清明与上巳日。"清光绪《容县志》记载:"三月扫墓取糯米作丸,以箬叶包子,并陈牲体以祭,少长咸集,祭毕,聚饮墓所。"民国《信都志》记载:"三月三日取山枫叶渍米饮乌饭相食,清明日插柳于门,男妇登山祭扫祖父母墓。"

在桂平地区,"三月三"祭扫仪式十分隆重,还要杀牛宰猪,准备青精饭。民国《桂平县志》记载:"三月扫墓,土人率用清明上巳日。族大者,多至数百人,或千百人,椎牛刲豕,席地而食之。士大夫家,则备牲醴,佐以青精饭,祭毕而归。杜甫诗'岂无青精饭,令我颜色好'。若新冢则节前二三日,家人相哭于墓,谓之'拦清'。"

古代广西"三月三"人们祭扫、踏青、聚会之时,大多必备乌米饭、青精饭、五色饭等,在聚会之时,往往相互赠送,一同食用。此类食物多用当地山枫叶、红蓝草等捣烂泡汁,染糯米饭而成,可比一般熟米饭团保存更为长久,是岭南地区的传统佳肴。

清同治《苍梧县志》记载:"三月三日取山枫叶渍米饮

乌饭相食……乡民作乌饭即古上巳祓除意。"清光绪《平南县志》记载："日'红蓝'，风俗以三月三日采红蓝草挼汁渍米做红蓝饭，色深紫而香。"民国《钦县县志》记载："三月三日上巳辰，俗行修禊事，祓除不详（祥）。乡人取枫叶、红兰，杂米炊饭，经久不宿。"民国《同正县志》记载："三月初三日为上巳节，令各家均以柳枝或枫叶插于门口，并蒸五色糯饭以供家先。"清嘉庆《广西通志》中还记载清代全州有"三月三簪荠菜"的风俗。

因为染饭的枫叶本身颜色暗红，所以被古人称为"南天烛"，用其染饭之后，饭色一般变黄，据传农历三月初三这天所染色的饭才会发青黑色，所以又称此饭为"青精饭"。民国《武鸣县志》、民国《隆山县志》均记载染色后的糯米饭"俗作黄赤色饭，随时染之。惟三月三日取枫叶泡汁染饭为黑色，即青精饭也。枫叶老而红，故昔人谓之'南天烛'"。

近代在南宁西南各乡，农历三月初三是所谓"大排日"，有铺摆宴席、款待外宾的习俗。民国《邕宁县志》记载："是日城西南各乡，谓之大排日，家家张筵设宴，烹羊炮羔，务极丰腴，外宾至者，无不尽情与洽，不醉无归。"

在清代桂西南、桂南部分地区，当地宿老乡绅、文人墨客多于"三月三"集会于文庙、学宫、书院等文教场所，吟诗作对，饮宴相欢，分享胙肉（祭祀时供神的肉），进行民间祭祀活动。民国《钦县县志》记载："三月三日上巳辰，俗行修禊事，祓除不详（祥）……前清时，设诗会于文昌阁，是日宴会，民国时停。"民国《同正县志》亦记载："三月初三日为上巳节……昔年是日为文昌民祭，凡在学者均分得胙肉。"

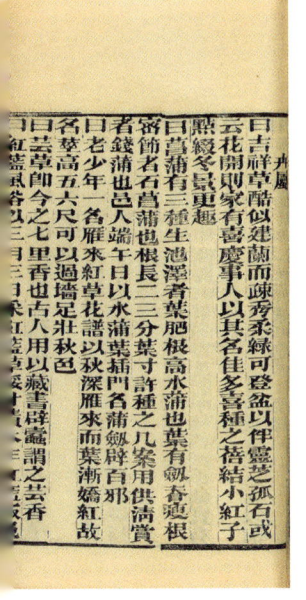

《平南县志》
[清光绪十年（1884）刻本]
纵27厘米
横15.4厘米
现收藏于广西壮族自治区博物馆

博物馆里的"三月三"

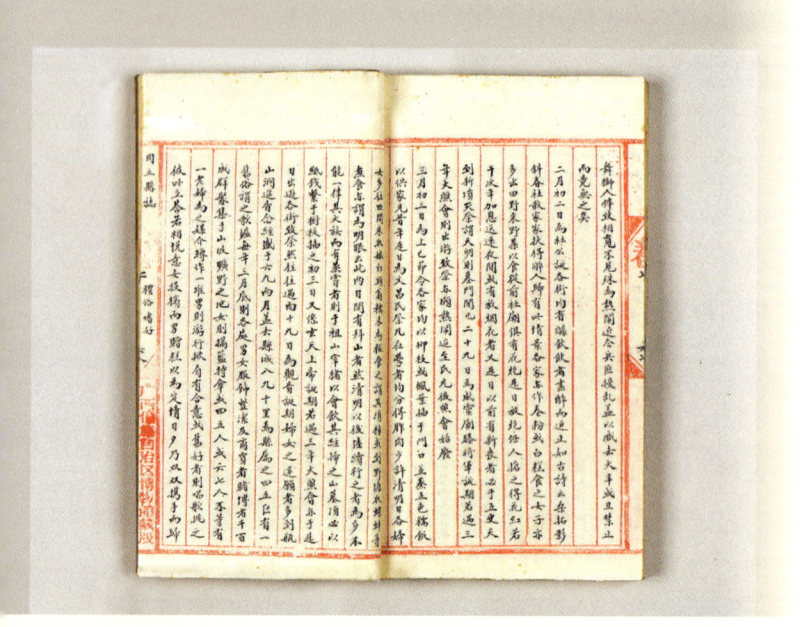

《同正县志》
［民国二十二年（1933）铅印本，广西壮族自治区博物馆抄本］
纵26.5厘米
横17厘米
现收藏于广西壮族自治区博物馆

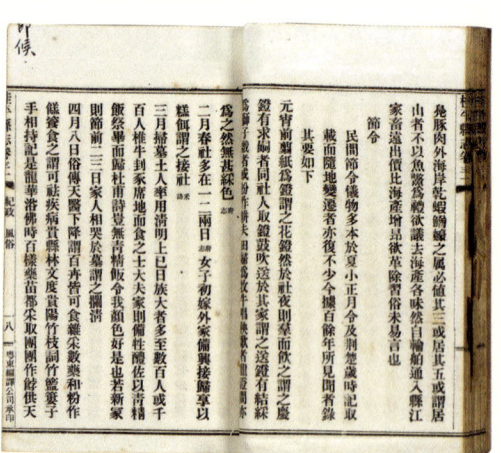

《桂平县志》
［民国九年（1920）粤东编译公司铅印本］
纵23厘米
横15.2厘米
现收藏于广西壮族自治区博物馆

迹

片羽吉光
记载"三月三"

据传农历三月初三是北帝诞辰，每年这一天，有些地方会举行庆典活动。北帝，又名玄帝、元帝，即道教传说神话中的"真武大帝"，又称玄天上帝、佑圣真君、玄武大帝等。明清至民国时期，岭南地区多有信奉此神明者，各地建有不少北帝庙、玄武庙、北府庙等供奉朝拜，并习惯于每年农历三月初三，在庙宇附近举办庙会，进行游神活动。在南宁周边及桂东南地区，古时庙会祭祀活动尤为盛大。馆藏清道光《南宁府志》、清同治《苍梧县志》、民国《信都志》、民国《同正县志》、民国《隆安县志》等方志文献中均有记载，北帝庙等庙宇周边各村坊在"三月三"都要举行建醮酬神的仪式，活动声势浩大，各家信众集资铸北帝神像并将其抬出庙宇，绕街道出游，沿途商贾云集，熙熙攘攘，热闹非凡。

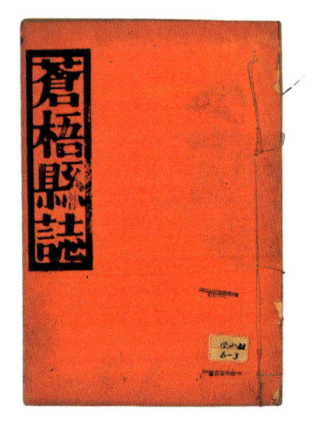

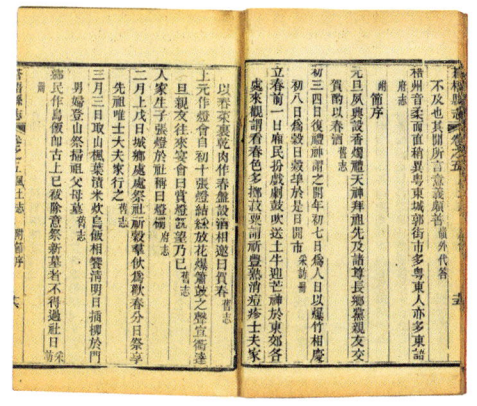

《苍梧县志》
[清咸丰元年（1851）修，
同治十三年（1874）续修刻本]
纵26.7厘米
横18.2厘米
现收藏于广西壮族自治区博物馆

清道光《南宁府志》记载，在农历三月初三举行北帝诞庙会的时候，南宁周边地区有燃爆竹、争抢"爆首"的传统竞技风俗。爆竹"其爆经一二尺，高四五尺，饰以彩物，置架上。用神火燃之，声响若雷。拾得爆首者获吉。明岁复以大爆酬神云"。

在民国《邕宁县志》中，有关于争抢"爆首"活动过程的详细描写。古人为了寄托驱病除疫的愿望，在"正月旦"或"三月三"于南宁各乡举办争抢"爆首"的活动，其中以南宁亭子圩雷神庙庙会的仪式最为盛大。爆竹制作耗资不菲，且已由单一爆竹"扩充至十余爆者。一爆之值，至百数十金，其首爆之值，有至数百金者"。其花爆形式"围径二三寸，高约一尺余，外饰以爆筒，裱以五色纸，围径二三尺，高约四五尺"。这些特制的大爆竹被称为"花炮"或"花爆"，其外围还附加有各类彩灯、瓷器之类，价值不菲，漂亮异常。在爆竹头部缠以木圈或竹片，并涂以醒目标记，这就是所谓的"爆首"。在活动中如有人能成功抢夺到"爆首"的碎片，将会得到丰厚的奖品。

活动伊始，亭子圩附近有志于争抢"爆首"的围观群众"各各（个个）赤膊脚绑，莫不争试，其健儿身手，以夺标自负，一时雄赳赳气象，充塞爆场"。各花爆先在万众瞩目中被一一抬上高架，然后通过导火线逐个点燃，之后爆竹炸裂，声震如雷，"爆首"飞出"于空中数十丈，随风飘扬，须臾坠下"。之后围观群众开始争夺坠地的"爆首"，大家"群噪而逐之，有为此所拾得者，旋为彼所夺，有

博物馆里的"三月三"

《邕宁县志》
[民国二十六年（1937）铅印本]
纵25.7厘米
横18.3厘米
现收藏于广西壮族自治区博物馆

为彼所夺者，又为此所抢，此抢彼夺，彼夺此抢，纷纷扰扰，乱作一团。斯时旁观者，人山人海，有呼噪声、有拍掌声、有批评声、有嘲笑声，颠颠倒倒，实难形状，煞真好看"。民国《邕宁县志》的撰写者评价南宁亭子圩雷神庙争抢"爆首"竞赛是其所见过的最激烈的竞争，任何运动比赛都不能及其万一。

为了增加抢夺"爆首"的成功率，还有不少人组成团队，参加培训，形成专业的"夺爆选手"。大家"十人一组，或五人一组"，甚至一场夺"爆首"的比赛能有数百支"夺爆"队伍参与。据民国《邕宁县志》记载，晚清光绪年间，曾与冯子材并肩作战的中法战争时期著名清军将领，时任广西提督的苏元春，在龙州督办广西边防军务时，"还尝令其队官，率勇数百来邕，至雷庙抢过花炮一次，其热闹概可想见矣"。

无独有偶，在桂西北三江地区，"三月三"时当地有花炮会，并伴有对歌等活动。民国《三江县志》记载："花炮会，多在上巳举行，亦有就筹办公益事件之集会时举行者。六甲人、壮人皆盛行，而全县率多参加。每年头家备镜屏诸物为奖品，分头、二、三等，其等数无定，于集会地点演剧舞狮及各种游艺相助，届期男女咸集，其以山歌唱答者亦集于此。其竞赛时以冲天铁炮（即旧时之地炮）内装小铁环，若实弹然，燃炮后，铁环直冲霄汉，观众闻炮声，即以铁环为目标，蜂拥争取，以夺得铁环者，按头、二、三炮以次领奖，其友好皆簇拥庆贺，欢声如雷。故常有雇请者代为抢拾，极见热烈，得奖者于来岁会期，须备镜屏礼物到会，曰'酧（酬）神'，盖原起则赛神之集会也。"

广西博物馆所藏广西旧方志中，还有不少关于"三月三"歌圩的记载，歌圩是广西人民的一种传统娱乐形式，一般在农历三月初三前后举行，十里八村的青年男女通过对歌吟唱，相识相会，喜结姻缘。有关其历史记载，最早可追溯到宋代。南宋周去非所撰《岭外代答》中《飞驼》记载："交阯俗，上巳日男女聚会，各为行列，以五色结为球，歌而抛之，谓之飞驼。男女目成，则女受驼而男婚已定。"

清嘉庆《龙州纪略》中描述当地三月歌圩规模浩大，甚至有"从邻县裹粮而来者。每场聚集不下千人"，并且"土人金云：'若停禁此戏，年谷不登，人畜多瘟疫。'"。歌圩的举办也表达了当地人祈求来年风调雨顺、丰年避疫的愿望。清道光《广西龙胜厅志》记载当地民间歌会之俗，青年可趁歌圩之时，男欢女爱相遇相知，大家"相随答歌通宵，至晚而散，返父母家。民国《三江县志》亦记载："上巳，民间有放花炮之会，乡间男女有互唱山歌，酧（酬）答为乐者。""六甲人于端午、上巳，男女亦互唱山歌为乐，然多家人相伴，无冶游也。"

民国《同正县志》对当地歌圩举办过程的详尽描写。每年三月同正县（今广西扶绥县一带）举办歌圩，以那隆镇（今广西崇左江州区一带）为最盛。赶圩日，附近各地青年男女衣着整洁，成群结队聚集于歌圩所在山坡旷野之地，附近商人小贩云集，歌圩现场十分热闹。妙龄女子都携篮持伞"或四五人、或六七人不等"聚成小团，围在一起，由老婆婆充当媒人，在女子间不断穿行游说，做媒牵线搭桥。青年小伙子则围在女子团队外，边转边看，与媒

迹

片羽吉光
记载"三月三"

人沟通。如果男女之间眉目相对"擦出火花",或遇到之前旧识想打招呼询问的,则相互对歌应答。若对歌后彼此中意,相互爱慕,则女方送男子槟榔果品,男方回赠女子糕点小食,以为定情之物。夕阳西下后,即可双双携手而归,离开圩场,回意中人家中,结成姻缘。

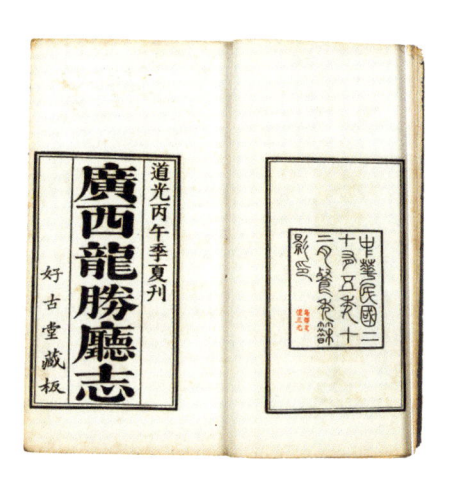

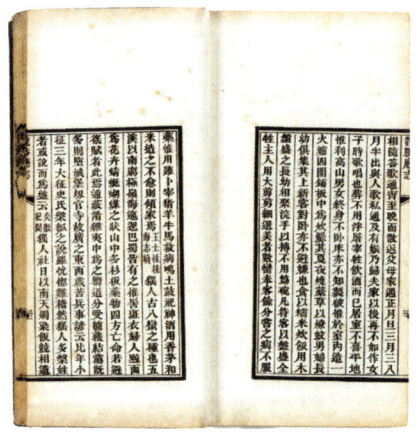

《广西龙胜厅志》
[清道光二十六年(1846)好古堂藏版,民国二十五年(1936)影印]
纵25.7厘米
横14.9厘米
现收藏于广西壮族自治区博物馆

博物馆里的"三月三" 066

壮族坡芽歌书

壮族坡芽歌书
纵36厘米
横102厘米
现收藏于云南民族博物馆

067　迹

片羽吉光
记载"三月三"

在"三月三"歌圩节中，壮族民歌作为歌圩的灵魂，曲种丰富多彩，内容有谈情说爱，也有祝寿祝福，其中细腻如丝、柔情似水的男女对唱情歌是最有代表性的壮族民歌曲种。在人们无法把这些情歌用文字记录下来时，便把当地壮族民歌中情歌的精华部分以符号图案的形式记录在土棉布上，"坡芽歌书"由此产生。

收藏于云南民族博物馆的这幅壮族坡芽歌书，是一块用仙人掌果实的红色汁液绘了月、星、树、稻叶、犁、斧、禽、马、人、衣、手、口、房屋、鸟笼等81个物象符号的棉布。最早的坡芽歌

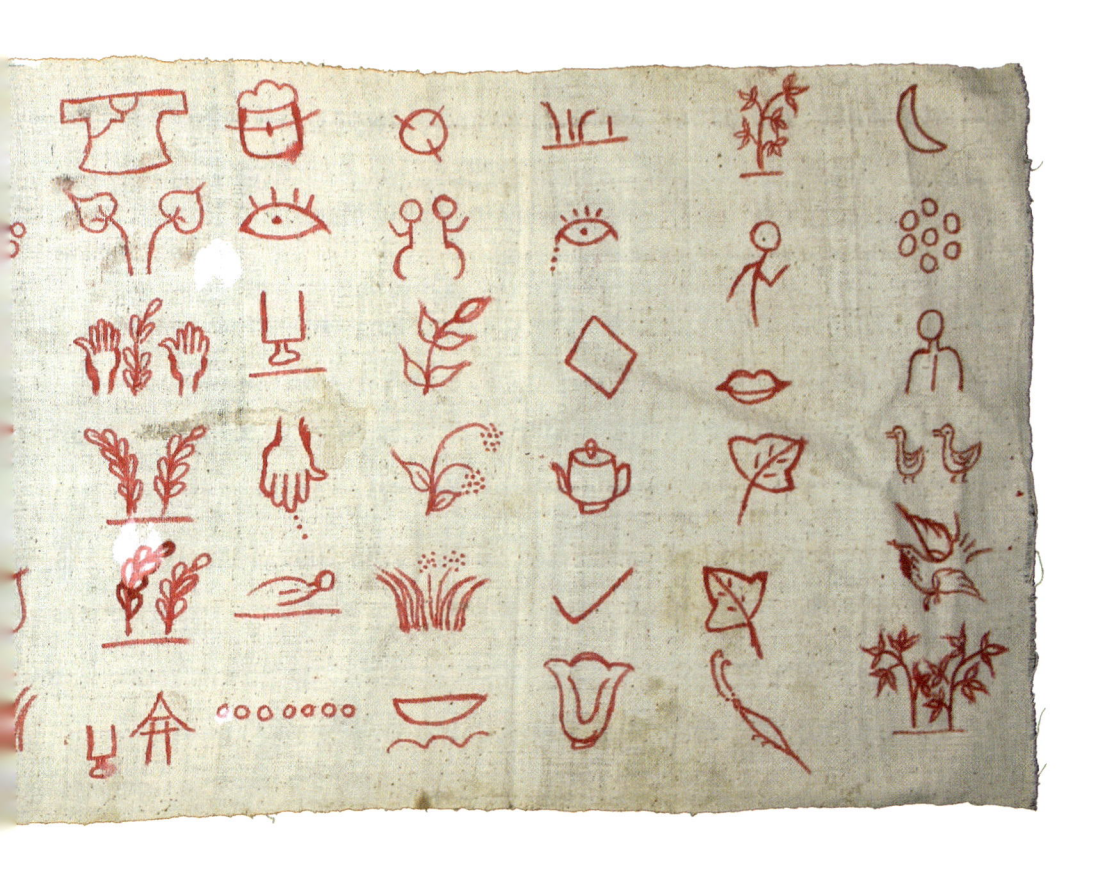

书是云南文山壮族苗族自治州富宁县对全县壮族文化资源进行全面普查时在剥隘镇坡芽村发现的,"坡芽歌书"也由此得名。"坡芽"是一个美丽诗意的壮语地名,意为"开满密蒙花的山坡"。那"歌书"是做什么用的呢?

当地村民称"坡芽歌书"为"布瓦吩",意思就是"把花纹图案绘在土布上的山歌"。乐谱记录的是音调旋律,而坡芽歌书记录的是一首首情歌。坡芽歌书的起源尚难以确定。当地村民农凤妹拥有一幅传承自其祖母的歌书,被认定为全国第一幅被发现的歌书。她说,在她小时候,祖辈在田间地头画一个符号,便教授她唱一首歌,歌书中的一个图案符号就代表着一首情歌。本文所展示的壮族坡芽歌书上的81个符号代表了81首情歌,以男女对唱的方式,记录了一对壮族青年男女从相见、相恋到成为眷属的倚歌择配的过程。他们的爱情从一个月明星稀的夜晚开始。月光如瀑,小伙对俏丽的少女一见倾心。小伙以朴实的话语诉情,想以自己家庭贫寒、单身之苦和生活的艰辛来唤起少女的同情并展开追求。少女果然开始同情小伙,对他生起情愫,但是也没有立马答应求爱,而是谨慎地试探,直到确认小伙确实没有家室才应允交往。

这81个符号,不仅是81首唯美动听的歌曲,还是壮族人民对生产生活、自然观察积累的人生智慧。81个符号代表着81首歌曲的起兴事物。起兴的事物、所咏之歌情景意境也与歌书上的符号吻合。就像歌书上第一个符号"月亮",其代表的歌曲中唱道:

今晚明月光,月明如镜亮。
四下亮汪汪,命贱难求双。
贱如渗坝水,贱如圈茾牛。
茾中嚼枯草,我漂泊忧叹。

这一段便是小伙与少女初见时的场景，先是描述月华如水、月亮皎洁无瑕的夜晚，再以小伙自叙的方式，把自己的悲苦比作渗坝的水、圈崀的牛。

歌书中第四个符号"鸳鸯"歌述的是：

绿头两鸳鸯，伸头戏泉汪。
引颈泉流上，下河巧梳妆。
我俩同方向，命定结成双。
十泉注成池，百池汇成塘，泥堤不塌方。
百年当一月，别说各一方。

用鸳鸯戏水的场景和泉池相汇、泥堤不塌方的借喻来表述小伙想与少女相依的愿望。歌书中的每一个符号都是这样的形意结合，从自然风光到生产生活，比兴的事物丰富，充满对自然、生活的深刻理解，富有哲理，歌咏的场景美丽、富有诗意。

壮族坡芽歌书使我们看到了壮族人民的创造力，看到了一篇形与意象完美结合的情歌篇章。简洁生动的图案符号与婉转动听的柔情歌曲更体现着壮族人民的审美与爱情观念，洋溢着壮族人民追求美好生活的文化氛围，是中华文化繁枝中的一支。现今得益于壮族坡芽歌书，富宁县组建了坡芽歌书合唱团，歌书上记载的一首首坡芽情歌伴随着自然恬静的演唱风格与悠扬婉转的歌声，在不同的艺术殿堂中，让不同民族、不同国家的观众通过音乐、歌声而产生同样的共鸣，是当下促进民族交往交流交融的强劲助力，是中华民族多元一体格局的最美阐释。

Worship 和

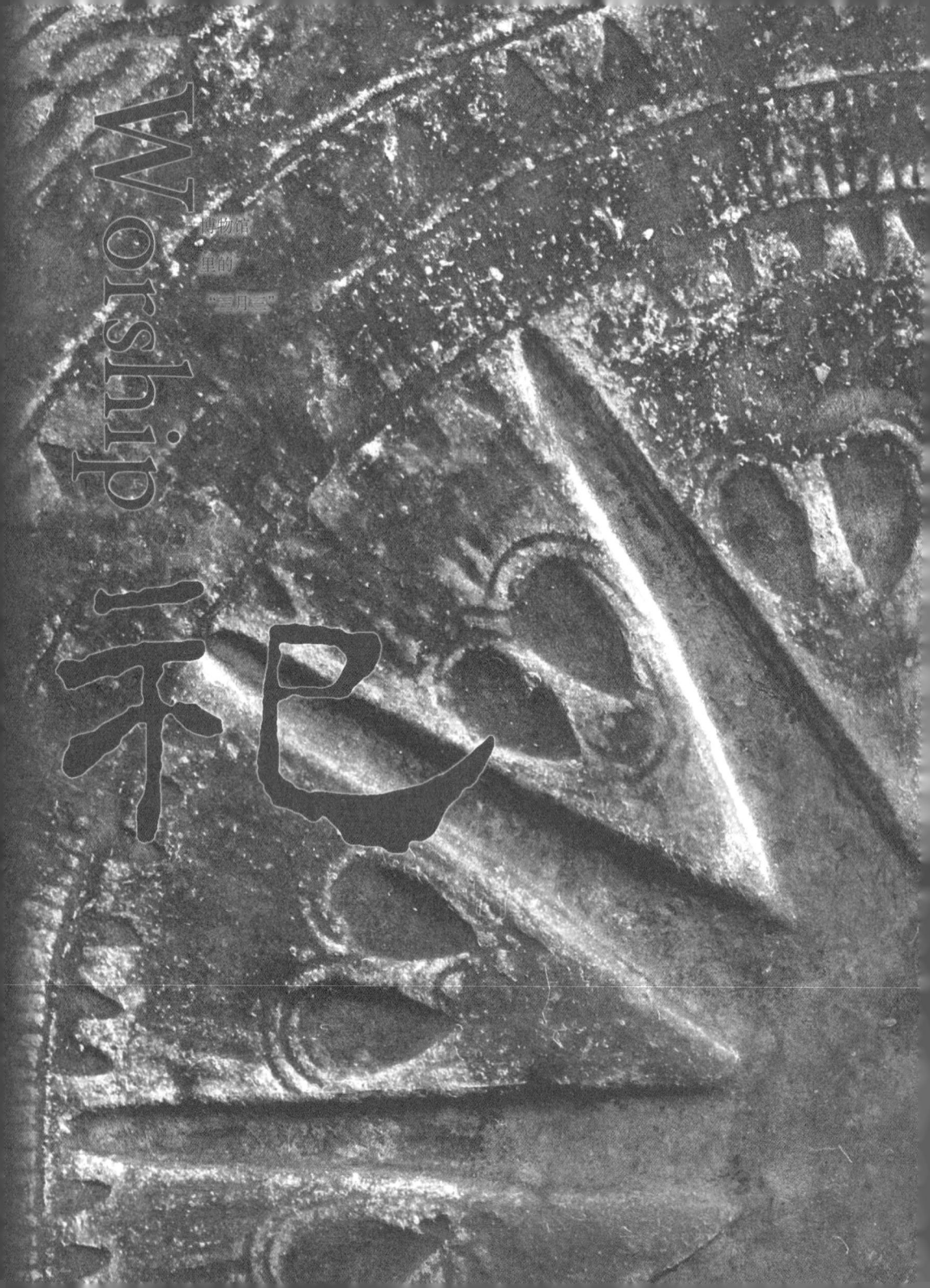

博物馆里的"军事学"

祀

告慰先人 礼敬"三月三"

据史料记载,"三月三"起源于古代高禖求子的祭祀活动。所谓"高禖"为掌管人间婚配、生育之神。高禖祭祀对象并不固定,往往因民族、朝代更替而变化。如商朝以始祖契之母简狄为高禖,周代以始祖后稷之母姜嫄为高禖。《礼记·月令》中就描述了春天玄鸟到来时举行的高禖祭祀活动,以此祈求子孙昌盛、枝繁叶茂。在活动中,人们往往在水边举行祓禊之礼,即在水边举行祭礼,洗濯去垢,祈求福祉。祓禊求福本为先秦至魏晋南北朝时期盛行于中原的风俗,约唐宋以后,随着各民族间的频繁交往,祭祀活动逐渐融入各族人民的日常生活。它与扫墓、踏青相结合,成为人们缅怀先祖、亲近自然的重要方式。在南方地区,每逢"三月三",壮族、侗族、畲族等民族都会举行盛大而庄重的祭祖仪式。打铜鼓便是其中的一项传统习俗。铜鼓是千百年来流行于南方地区的礼乐器,曾被用于战争、祭祀等活动中,是权力和地位的象征,甚至有"得鼓二三,便可僭号称王"的说法,其丰富的内涵为"三月三"活动增添了浓厚的文化色彩。在"三月三"期间,黎族等民族还会用蛙锣祭祖,祈求风调雨顺。现藏于海南省民族博物馆的清代黎族回形纹三系铜蛙锣体现了当时铜锣铸造的较高审美水平,为铜蛙锣中所罕见。广西民族博物馆藏民国时期的傀僮戏面具是广西玉林地区在"三月三"等重要节日里表演傀僮戏时所佩戴的。傀僮戏是流传于玉林地区的傩戏艺术表现形式,它根源于中原文化而又融合了百越特色,已有2000多年历史。云南民族博物馆收藏的民国百楔扁鼓也是"三月三"等节庆活动中的伴奏乐器,最早用于战争、祭祀、乐舞等场合。在百楔扁鼓乐的伴奏下,各族人民跳起"手巾舞",成为民族文化交融中一道亮丽的风景线。此外,人们还抢花炮、弄娅歪,送神祈福、祈求丰年,表达对美好生活的热爱。透过流传下来的文物,我们依稀能够看到古时"三月三"祭祖活动的盛况,依然能够感受到中华民族"敬天法祖"思想的代代传承,以及中华民族生生不息的文化基因。

博物馆里的"三月三"

广西古代铜鼓

西汉云雷纹大铜鼓
鼓面直径165厘米
高67.5厘米
足残径143.5厘米
重量300千克
现收藏于广西民族博物馆

祀

告慰先人
礼敬"三月三"

铜鼓，是中国南方古代民族创造的极富个性的礼乐器，曾广泛流行于中国南方地区和东南亚地区，至今已有数千年的历史。根据考古学成果可知，最早的铜鼓是由炊具转化而来的，随着社会演变具备了乐器、礼器的社会功能。关于铜鼓的记载最早出现在《后汉书·马援传》中："（马援）好骑，善别名马，于交趾得骆越铜鼓，乃铸为马式……"《后汉书》《岭外代答》《宋史》等历代诸多的文献印证了铜鼓既是我国南方地区重要的礼乐器，也是反映中国南方地区逐步融入中华多元一体格局的生动例证。

目前，我国学术界将中国境内的古代铜鼓分为八大类型，分别为万家坝型、石寨山型、冷水冲型、遵义型、麻江型、灵山型、北流型和西盟型。其中北流型、冷水冲型和灵山型铜鼓以广西地名命名。

北流型铜鼓以体形硕大著称，主要分布于两广地区及海南省，尤以桂东南和粤西南的云开大山周围分布最为密集，流行年代为西汉至唐代。

广西民族博物馆收藏的西汉云雷纹大铜鼓为北流型铜鼓，出土于清朝乾隆年间的北流县（今北流市）。清光绪四年（1878）《北流县志》中有关于该铜鼓存放于北流县六靖乡水埇（冲）庵的记载："水埇庵内有铜鼓，围二丈余，高二尺。"西汉云雷纹大铜鼓鼓身高度为67.5厘米，鼓面直径165厘米，重达300千克。1980年、1996年的全国铜鼓学术讨论会确定，北流六靖乡水埇（冲）庵出土的铜鼓是国内迄今为止发现的体形最大、重量最重的一面古代铜鼓。因此，西汉云雷纹大铜鼓也被称为"铜鼓王"。

西汉云雷纹大铜鼓虽然体态硕大浑厚,但是鼓身纹饰却铸造得非常精细神秘,鼓面中心的太阳纹放射着8道光芒,外围用凸起的同心圆弦纹分成5道晕圈,晕圈内布满了单线旋出的云纹和菱形套叠的雷纹,鼓身两旁附蚕丝纹环耳两对。经专家鉴定,该鼓铸造年代约为西汉时期,使用族群主要为瓯骆先民及其后裔乌浒、俚人。但该面铜鼓鼓身装饰却有大量的楚汉文化的元素,这是古代中原与南方地区各民族交往交流交融的重要见证。

汉代冷水冲型铜鼓由石寨山型铜鼓发展演变而来,诞生于西汉并一直延续铸造使用到宋代。冷水冲型铜鼓的特征是体形高大,质地轻薄,鼓面宽阔,装饰繁缛华丽,是铜鼓发展鼎盛时期的产物,主要分布于广西的左右江、黔江、郁江、浔江沿岸一带以及越南北部的红河流域,在广西桂平、平南和藤县一带分布最为密集。

现藏于民族文化宫博物馆的汉代十二芒冷水冲型铜鼓,因出土于广西藤县横村冷水冲而得名。该铜鼓呈圆墩形,造型比例接近黄金分割比例。鼓面有四只青蛙立体塑像,一大一小两对乘骑塑像,周身遍布各种华丽流畅的纹饰,有十二芒太阳纹、铜钱纹、复线交叉、羽人纹、变形羽人纹、翔鹭纹、船形纹等,给人传递出阳光照耀、微风吹拂、碧波荡漾、晴空万里、白鹭飞翔、青蛙跳跃、乘骑徐行、飞舟竞渡、聚乐人群等意境,充满生活气息和浪漫主义色彩。

汉代十二芒冷水冲型铜鼓承载着丰富的历史文化信息。鼓面上的太阳纹为十二芒,象征光明和神力,寓意天堂;鼓面上的立蛙,则体现了岭南地区的青蛙崇拜习俗,代表了当时人们祈求多子多福、风调雨顺的愿望。鼓身变形的羽人纹和船形纹代表人间。鼓足上的垂叶纹和水波纹代表水,寓意阴间。该铜鼓集冶炼、铸造、雕刻、绘画、装饰、音乐、舞蹈等于一体,是我国青铜艺术的瑰宝,也是中原文化与南方地区各民族文化交流互融的时代产物。

075　祀

告慰先人
礼敬"三月三"

汉代十二芒冷水冲型铜鼓
鼓面径直径77厘米
高53.5厘米
重量32.5千克
现收藏于民族文化宫博物馆

结合历史文献和考古成果研究可知，铜鼓最初为日常生活使用的乐器，后成为用于祭祀宴享、节日庆典、婚嫁丧葬等重要场合的礼仪乐器，再后来铜鼓发展为军事号令，成为列阵、集聚等场合酋领展现权力地位的重器。晋代裴渊著《广州记》载："俚僚铸铜为鼓，鼓唯高大为贵……"《明史·刘显传》载："得鼓二三，便可僭号称王，击鼓山颠（巅），群蛮毕集。"因受中原门第等级观念的影响，铜鼓作为礼器、重器的社会功能明显突出。人们竞相铸造大型铜鼓以显财富和地位，铜鼓越大，越能显示主人的尊贵。硕大厚重的"铜鼓王"反映了古代南方民族首领对权势和

西汉云雷纹大铜鼓的太阳纹

祀

告慰先人
礼敬"三月三"

财富的极致追求，同时也反映出古代中原王权文化与古代南方民族文化上的交流与借鉴。

唐宋以后，随着改土归流制度变迁，后期大部分铜鼓已从礼器、重器的高度回归到乐器的世俗功能。铜鼓的鼓形也逐渐变小，纹饰逐渐简化，成为广西壮、侗、苗、瑶等民族节日庆典与丧葬仪式中广泛使用的重要乐器，并传承至今。天峨、大化等地壮族群众每年过"三月三"、蚂𧊔节，都安、巴马、大化等地瑶族群众过祝著节，南丹瑶族群众举行葬礼祭祀，南丹中堡苗族过春节或其他重大节庆时都要敲击铜鼓。时至今日，铜鼓已成为广西极具代表性的文化符号之一，融入广西社会生活的方方面面，地铁站、公交车、餐厅、街道、服饰、书籍、艺术品等，随处可见铜鼓元素的图案纹样和造型。

广西"三月三"的节日内容从传统的祭祀祖先、青年对歌逐渐得到发展、丰富。"三月三"成为广西各民族大聚会、大团结、大联欢的盛会，而铜鼓则是"三月三"盛会中不可或缺的文化符号。铜鼓表演成为"三月三"庆典上重要的内容，铜鼓元素在节日的布置中被广泛使用，还被用于各种文化活动和艺术表演中……

铜鼓跨越千年，历久弥新，至今仍在八桂大地上回响。源远流长的广西铜鼓文化，是中华民族古代文化艺术中的一颗耀眼明珠，凝聚着广西各族先民在交流互鉴历史进程中的聪明智慧，闪烁着中华文明多彩丰富的历史光辉。

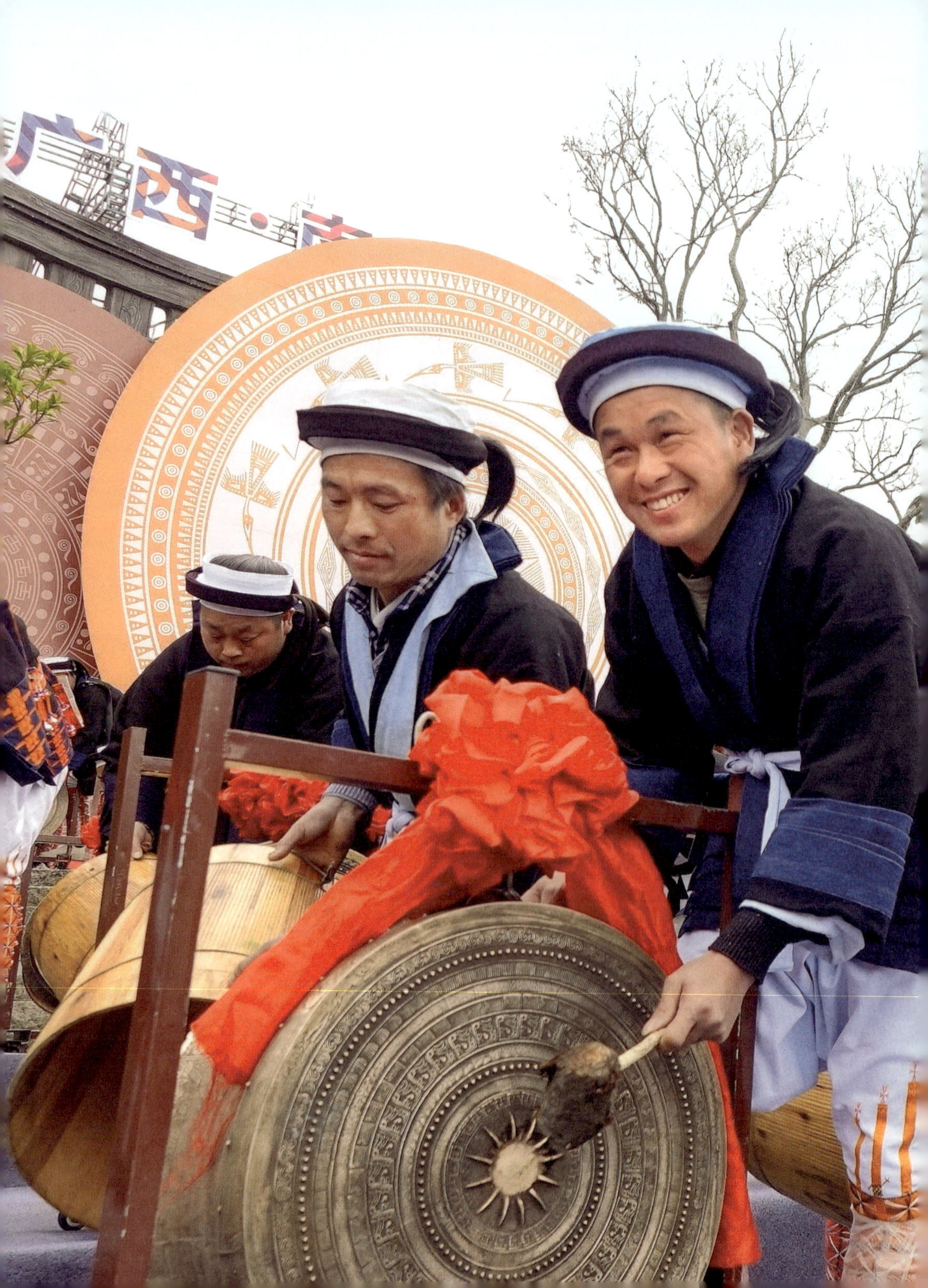
广西

广西南丹县民俗活动中,瑶族同胞敲响迎宾铜鼓

高东凤 摄

博物馆里的"三月三"　　080

明代崖州龙被

明代崖州龙被
长188厘米
宽124厘米
重量1.2千克
现收藏于海南省民族博物馆

祀

告慰先人
礼敬"三月三"

　　龙被在海南黎族的社会生活中扮演着重要的角色，主要用于祭祀、婚嫁、丧葬、祭祖、升梁等民俗活动。黎族在举行祭祀、祭祖等仪式活动时，会挂龙被以示召唤神灵与祖先；丧葬仪式上，用龙被盖棺以示死者丰衣足食；结婚时，挂龙被以祈祷婚姻美满、家庭幸福；建房升梁时，挂龙被寓意家业稳固、兴旺发达。在"三月三"节庆期间，黎族挂龙被，既是文化的传承，也显示节日的隆重和仪式的重要。

　　龙被因其被面的主体纹样为龙纹而得名，是黎锦文化的重要组成部分，也是黎族传统文化的重要组成部分。自西汉以来，龙被是黎族人民进贡历代朝廷的贡品之一，并且它以不同的名称出现在历代文献中，主要有"广幅布""五色斑布""叠盘布""黎单""花被""黎幔""崖州被""黎锦""黎幕""黎饰""帐房"等称谓。黎族有哈、杞、美孚、润、赛五大方言族群，故黎族民间又将其称为"大被""寿被"等。崖州龙被产自古崖州地区（今海南三亚一带），是黎族纺织艺术发展到一定阶段的手工技艺织绣品，其质地为麻、棉（木棉与草棉）、蚕丝三种，集弹、纺、染、织、绣等工艺于一体，纺染与织造工艺难度大、文化品位高。

　　海南省民族博物馆收藏的此件明代崖州龙被，以棉与丝为质地，先用棉线织底，然后以丝线绣花纹，由左、中、右三幅锦被拼接而成，整个被面分上、中、下三幅图。上、下为各种花卉；左、右图案相同，为缠枝菊花梅瓶喜鹊登枝、梅花梅瓶、牵牛花；框内为鱼跃龙门、云龙纹和缠枝团凤等。中幅的图案自上而下依次为麒麟戏球、双凤朝阳、双凤衔花、牵牛花。刺绣图案具有三维立体感，颜色对比强烈，图案粗犷，刺绣细致，色泽鲜艳。黎锦是中国乃至世界最古老的棉纺技艺之一，也是世界级非物质文化遗产。从这些"鱼跃龙门""双凤朝阳""麒麟戏球"等寓意吉祥美好的图案可以看出，黎族织锦艺术逐渐吸收和接受了汉族图案造型艺术及皇室宫廷文化的内涵，成为黎族传统文化外表特征之一，见证了2000多年以来民族文化间的交往交流交融。

"三月三"黎语称"乎念乎"。在"三月三"期间，黎族人民会举行隆重的祭祀祖先仪式，他们身着传统服饰，带着祭品，到祠堂或者祖先的墓地，烧香祭拜，表达对祖先的敬仰和感恩之情，体现黎族人民对家族传承和民族根脉的重视。龙被作为黎族文化的象征，在节日中扮演着重要角色，进一步凸显了节日的文化意义。

除祭祖外"三月三"还保留着黎族青年男女交际的传统。青年男女会在这一天穿着节日盛装，聚集在歌圩点，通过唱歌、跳舞等方式来寻找自己的意中人。"三月三"在海南各族人民的热情参与下蓬勃发展，其背后蕴藏的好运、幸福和安康等文化内涵也在人们的庆祝活动中得到传承和发扬。

083 祀

告慰先人
礼敬"三月三"

清代畲族祖图长卷

祖图作为畲族历史文化的重要体现，被视为具象化的畲族史诗。其采用连环画的形式，将畲族世代口耳相传的盘瓠传说故事，以一种直观鲜明、图文并茂的方式生动演绎。祖图所蕴含的价值，超越了艺术作品的范畴，具有更高的历史文化意义。而祖图所反映出的祖先崇拜、丧葬仪式、祭祀习俗等，对于研究畲族早期的图腾信仰、

清代畲族祖图长卷（局部）
上卷长574厘米
宽36.5厘米
下卷长593厘米
宽37厘米
现收藏于中国国家博物馆

迁徙发展、风俗习惯、文化心理等方面，提供了重要的实物资料。

中国国家博物馆所藏清代畲族祖图长卷为双联式，以麻布为底，于清乾隆二十四年（1759）绘制而成。祖图上卷卷首处有一段序言，据之记载，该祖图由浙江丽水县（今丽水市）十四都北空庄蓝氏绘制。另据同治《丽水县志》记载，十四都位于丽水县西南之义靖村，其下领四庄，分别为沙岸、兰山、岑口、派田。北空位于派田西北，今属碧湖镇高溪村，因地处南坑口北隅且坑东西两侧均有谷地而得名。丽水地区畲族大规模迁入时间约在明末清初，其中涉及北空庄蓝氏的主要有两支：一支于明崇祯十三年（1640）由福建罗源县罗坪里川山大坡头村迁至浙江处州府（今丽水市）云和县八都南山居住，此后族人中有部分迁至北空；另一支在始祖蓝万十二郎带领下，由福建罗源县舍底迁移至浙江处州府青田县瓦窑岗大坝头，其后代蓝小二郎分迁于云和县八都间山，以后又有部分迁至北空。该祖图所属之蓝氏，概为其中一支。

祖图上下两卷共绘制十八段画面，上卷九段生动展现了盘瓠出世、燕王起兵、高辛帝出榜招贤、盘瓠揭榜、智杀燕王、进献燕王首级、金钟化人及盘瓠婚娶等情节。下卷九段则依次呈现了高堂大会、生子赐姓、自立为王、间山学法、打猎身亡、盘王出殡、盘王坟、子孙耕种及祭祖等内容。整幅祖图长卷犹如一幅绚丽多彩的历史画卷，在色彩运用上，以黑、红二色为主色调，兼用蓝、绿、白、金等色，画面色彩鲜艳，每一画面均配有文字标题，清晰勾勒出情节发展的脉络，主题鲜明突出，人物刻画栩栩如生，构图丰富饱满，具有较高的历史与艺术价值。

在畲族信仰中，盘瓠传说被视为民族起源传说。而反映盘瓠传说内容的祖图，也被畲族奉为圣物。相较于以文字形式记录的《高皇歌》等谱牒资料，祖图以生动的艺术表现形式，直观地呈现畲族的族源神话，让人更容易理解与记忆。畲族对祖图的使用有着严格的规定，一般只有在祭祖及学师传师和做功德时方能使用，平时则珍藏起来。民国《建阳县志》记载畲族民众度亡作斋事毕后，便将祖图"卷而藏之，秘不示人。虽素称莫逆交者，终不得见。然合百十家亦只二、三轴而已"。民国《新修丰顺县志》亦载祖图"止于岁之元日，横挂老屋厅堂中，翌早辄收藏，不欲为外人所见"。畲族对祖图的珍视程度可见一斑。

除了每年农历二月十五日、七月十五日、八月十五日这三大祭祖节日，"三月三"亦是畲族祭祖的重要节日。每逢"三月三"来临，畲族村落便沉浸在一片热烈喜庆的氛围之中。畲族民众身着精美的传统服饰，精心筹备着全猪、全羊、乌米饭、糍粑、香茗、水果等丰盛祭品。此外，祖杖、祖图、宗谱等象征家族历史与传承的神圣物件，亦被悉心整理与安置。尽管畲族"三月三"祭祖活动因地域差异而略有不同，但通常都包含请祖仪式、迎祖游行、舞龙开坛、法师净坛、安祖仪式、正式祭祖、送神祈福等重要环节。

时至今日，畲族的盘瓠崇拜早已超越了图腾崇拜的固有范畴，在岁月的长河与持续的文化演进中，源源不断地吸纳时代的新鲜元素，从而被赋予了更为丰富多元的文化内涵。祖图，在畲族祭祀文化中仍旧居于核心地位，成为畲族文化凝聚与传承的重要精神寄托。

博物馆里的"三月三"　086

清代畲族原始祖杖

清代畲族原始祖杖
长148厘米
宽35厘米
现收藏于浙江丽水市博物馆

清代畲族原始祖杖的独特工艺，蕴含着畲族传统手工艺的智慧与艺术魅力。收藏于浙江丽水市博物馆的这根清代畲族原始祖杖，选材为硬杂木，工匠依其天然形态精心削制。桩部粗大部分及自然分枝被巧妙地雕琢成龙首模样，龙首栩栩如生，口吻前倾，下吻长于上吻，舌部也清晰可见，于粗犷中尽显神韵。而吻下部腹面雕刻的孕人形纹，更是为祖杖蒙上了一层神秘的面纱。长树茎作为杖体，保留了原始木材的自然风貌，制作的关键处是雕出一个含珠的龙头。整体制作虽未刻意雕琢至极致精细，却在粗放之中彰显出一种浑然天成的意趣。

清代畲族原始祖杖是畲族历史长河中的一位忠实"长者"，见证了畲族从岁月深处一路走来的艰辛与辉煌。从祖杖的制作工艺与独特造型，可追溯畲族早期的手工艺水平和艺术审美倾向。在古代，畲族先民在艰苦的生活环境中，凭借着对自然材料的深刻理解与娴熟运用，创造出了如此具有代表性的器物，展现出畲族工匠的精湛技艺与独特创造力，这无疑是他们智慧的结晶。另外，族中有突发的大事、难事需调解解决，亦可动用祖杖。祖杖既是圣物，也是图腾，畲族把它视作族群的保护神。祖杖上的孕人形纹等雕刻符号，是畲族古老文化信仰的直观体现，表达了生命的孕育和繁衍。这或许反映了畲族对生命诞生的敬畏和对族群延续的重视，象征着畲族祖先的生育之功；通过祖杖上的孕人形纹，表达对祖先赋予生命、传承血脉的崇敬，强化家族和族群的认同感与凝聚力。这为探究畲族古代的精神信仰体系提供了极为关键的实物依据。原始祖杖存世量极少，使得它愈发珍贵，成为畲族珍贵的民族文物，承载着畲族文化传承的厚重使命。

就畲族传统文化而言，器物文化意义非凡，原始祖杖堪称其中的璀璨明珠。在畲族极为隆重的"三月三"祭祖盛典里，祖杖作为图腾崇拜的关键象征之一，具有不可替代的地位，备受尊崇。它被供奉于宗族祠堂内，成为整个祭祀活动的核心关注点。当"三月三"的曙光初现，畲族的男女老幼身着斑斓绚丽的传统服饰，满怀着虔诚之心汇聚于祠堂，祖杖于袅袅香烟中安然矗立，似在默默讲述着往昔的传奇。畲族民众环绕祖杖，摆上悉心准备的供品，诸如清新的茶水、馥郁的米酒、丰腴的猪肉等，这些供品不只是对先辈的物质奉献，更是一种敬意的呈现。众人在肃穆的氛围中吟唱起古老的祭祖歌谣，歌声悠扬，颂扬着祖先的功勋与家族的荣耀，每一个举止、每一句唱词，都充盈着对祖先的敬重与感恩之意，以及对幸福生活的热切憧憬。此刻的祖杖，已远非单纯的物件，它把散居各地的畲族后嗣紧密相连，让他们在传统的仪式里，深切感悟与传承民族的历史与文化。

清代畲族原始祖杖作为畲族文化的经典范例，其中蕴含的崇敬祖先与民族文化的浓郁情怀，成为畲族文化历史的重要标志。在各民族共襄的文化集会或民俗展示中，畲族原始祖仗既是畲族文化独特魅力的体现，也能够唤起民族自尊感与爱国情愫，推动各民族在文化方面的相互认同与彼此尊重，使各民族感知中华民族文化的多元与丰厚，进而促使各民族在文化上相互借鉴，在情感上更为亲密无间，齐心为中华民族的兴盛繁荣添砖加瓦。

祀

告慰先人
礼敬"三月三"

清代黎族回形纹三系铜蛙锣

清代黎族回形纹三系铜蛙锣
直径53.5厘米
高9.2厘米
重量9.05千克
现收藏于海南省民族博物馆

　　收藏于海南省民族博物馆的清代黎族回形纹三系铜蛙锣，敞口，浅底，锣边有三蛙连系（耳），蛙两侧各有两孔蛙卵。铜蛙锣表面饰有内外两道明显凸起的回形纹路，经多次使用后纹路仍保持较为原始的状态，体现了当时铸造铜锣较高的工艺和审美水平，为铜蛙锣中罕见，价值较高。

　　铜蛙锣是黎族传统打击乐器，形似盘状，又似器盖，是黎族贵重的珍宝，被尊称为"宝锣"。铜蛙锣由纯铜制作而成，腹似深盘，背略似龟壳，中间有一锣槌圆心，外有一道凸起的圆脊。锣边铸有蛙，分别在各个小铜圆环上呈蹲伏状，小青蛙栩栩如生，状如随时跳跃而出。

铜蛙锣是黎族铜锣中的一种，因其耳上铸有青蛙或水虫而得名，被尊称为"锣精"。在黎族传统习俗中，敲响铜蛙锣能求得风调雨顺、兴旺发达，可用作仪式法器、传信工具和民间乐器，被广泛应用于民俗仪式、婚丧嫁娶等场合。铜蛙锣不仅可以换牛、换粉枪、换田地，还可用作聘礼。人们收割和乔迁要用锣声庆贺，生病敲之驱鬼，人逝去打锣祭奠。富裕人家会用耳饰青蛙的小锣垫头给逝去的亲人作陪葬品。铜锣的价值在清人张庆长所著的《黎岐纪闻》里有说："俗好铜锣，小者为钲，亦锣类也，有余家购而藏之以为世珍；大抵旧藏者佳，新制不及，其值或抵一牛或数牛，或有抵数十牛者，则益宝贵之。"《崖州志》中记载："（生黎）最贵蛤锣，豪强之家有以十数牛易一锣者。"这里的"蛤锣"指的就是铜蛙锣，表达了一面铜蛙锣可以换一头牛，甚至十几头牛的意思。可见，铜蛙锣对黎族而言极其珍贵，并在黎族社会生活中扮演着重要角色，具有重要功能。

在"三月三"期间，铜蛙锣是节庆仪式的重要道具，要用铜蛙锣祭祖祈风调雨顺、兴旺发达，以锣声贺庆佳节到来。

在封建王朝统治时期，黎族聚居区称为"峒"，每一个峒的铜蛙锣都被奉为"圣物"，平时由峒主掌管，埋在地下不轻易示人，只有在集会、民俗仪式上偶尔使用。铜蛙锣数量的多少直接显示一个峒的财富多少和地位的高低，因此铜蛙锣也是当时权力、地位、财富的象征。铜蛙锣的收藏方法极为奇特，或埋藏在谷仓，或藏于石洞，或是用格木顶着铜蛙锣边埋于村外的地下。取用时，尽量做到避

清代黎族回形纹三系铜蛙锣（局部）

免泄密。每逢"三月三"，把铜蛙锣拿出来用时，务必要用黎族乡民酿造的芳香糯米醇酒洗锣，以表祝福消灾。

表演者演奏铜蛙锣时，左手提锣绳，右手执木制锣槌敲击锣面中央的突起小平脐。铜蛙锣尺寸不一，锣壁厚薄不等，通常分为大小两种，大铜蛙锣的锣面直径 30 厘米以上，小铜蛙锣的锣面直径 24 厘米以下。大铜蛙锣发音柔和含蓄；小铜蛙锣发音明亮悠扬，悦耳动听。

黎族铜蛙锣，一种具有独特音色的乐器，不仅是海南黎族的传统礼器、传信工具和民间乐器，更是黎族文化的重要载体和象征。长年累月的生活经验告诉黎族先民，蛙鸣雨至。青蛙在稻田中为人类捕虫除害，保证了粮食丰收。黎族人民在织锦上使用蛙纹，在铜锣上铸造蛙纹。从汉代的蛙鼓，到清代的铜蛙锣，再到黎族衣饰上的蛙纹饰，蛙纹饰成为海南一道独特的文化风景、一种吉祥的象征。

093 祀

告慰先人
礼敬"三月三"

民国玉林傀儡戏面具

民国玉林傀儡戏面具
元始天尊
长25厘米
宽16厘米
高10厘米
现收藏于广西民族博物馆

民国玉林傀儡戏面具
刘三姐
长22厘米
宽17厘米
高6厘米
现收藏于广西民族博物馆

民国玉林傀儡戏面具
玉皇大帝
长26厘米
宽15厘米
高9厘米
现收藏于广西民族博物馆

傀僮戏又称"神边""跳庙""傩愿戏""乡傩戏"等，是一种驱疫逐鬼、请神还愿的傩戏，是我国民族民间戏曲的一种。它流行于广西玉林地区，当地人称之为"跳傀僮"，表演者称"傀僮佬"，是从乡傩舞蹈艺术发展而成的具有独特桂东南地方乡土风格的戏曲。

　　广西民族博物馆藏有玉林福绵区的民国傀僮戏面具33件。这些面具用黄杨木刻制而成，油漆彩绘，面具所代表的人物有元始天尊、开路神、五雷、观音、玉皇大帝、王母娘娘、李王、朱王、文昌、寒山三圣、西山蓝爷、刘二太子、刘一将军、刘十官人、土地爷、冯九爷、冯大将军、九子娘娘、关羽、张飞、白马将军、二龙神、灵公、西山将军、刘三姐等。面具的形象包括驱疫神祇、民间俗神、释道神仙等，大部分是龇牙露齿、凸睛鼓眼的形象，也有慈眉善目、忠直厚道者之像的。

　　傀僮戏是一种源自中原文化，融合百越文化而形成的具有地方特色的民族民俗文化艺术，已有2000多年的历史。清光绪二十年（1894）《郁林州志》卷四《舆地风俗》记载："傩礼今为平安醮，以僧道为之，止行索室驱疫之礼，若黄金四目，执戈扬盾，则乡村神庙用以娱神，画衣翩跹，有迎神送神之词，称其人为童家，别于僧道，殆即假子之名也。"

　　玉林是广西开发较早和受中原文化影响较深的地区之一。秦汉以后，大批中原难民为避战乱，南下另求生计，多次大规模地移民桂东南地区，桂东南逐渐成为各民族杂居的地区。近代，该地区汉族（主要指客家人）人数超过壮族、瑶族等。玉林地区的汉族在与当地各民族交往交流交融的过程中，不断吸收融合各民族的文化习俗，呈现出自己丰富多彩且独具地方特色的民间民俗文化。玉林傀僮戏就是由中原迁徙而来的汉族人将途径的地区如福建、江西、湖北、湖南、广东等地的古老傩戏与玉林当地壮族的"师公"文化融合创新形成的独特傩文化形式。玉林傀僮戏称谓中的"傀"即为傀儺，而"僮"则是壮族的前称。傀僮戏面具的形象多来自儒、释、道文化中的神仙人物，也有广西本土的民间英雄和民间神仙，如寒山三圣、西山蓝爷等。傀僮戏表演中的步法和肢体动作既与楚地傩文化、中原傩文化相似，同时也有壮族蚂𧊅舞的标志性双脚并跳步法、壮族铜鼓上的羽人纹舞蹈动作等。傀僮戏的音乐，则完全吸收本地民歌民谣作基调，地方音乐特色十分明显。

傀僮戏一般在庙会旦期、庙宇庆典、"三月三"等隆重的场合表演，傀僮佬头戴面具，扮演特定的鬼神。一个傀僮班要用到至少20个面具，傀僮佬表演时通过更换面具来完成彪悍、凶猛、狰狞、威武、深沉、冷静、英气、狂傲、奸诈、滑稽、正直、刚烈、端庄、慈祥等性格形象的塑造。表演时有的傀僮佬扮成五雷，面具如同公鸡头冠，手拿铁凿斧头，在双面长鼓及锣、钹等乐器的伴奏下，合着沙哑的连喊带唱的歌声，凶神恶煞地舞蹈起来。唱段主要有唱海通、唱白旗、唱三元、唱三界爷、唱田歌、唱土地爷、唱寒山爷等，还有在野外稻田边唱边舞求雨或捉禾虫等内容。傀僮戏表演动作简单粗犷，舞风原始古朴，整个表演显得凝重、古朴，充满神秘色彩。

每年的"三月三"期间，玉林一些乡镇会举行隆重的北帝诞游神活动，傀僮戏表演是其中重要的环节。在"三月三"前一天，傀僮佬在北帝庙前立好神坛，穿上戏服，戴上面具，边唱边跳，以示祈福消灾、驱邪纳吉。"三月三"早上，傀僮佬则与游神队伍一齐下山巡游。傀僮戏这一民间传统艺术延续至今，逐渐演变成为一项保佑平安、纳吉祈福的民俗活动，已被列入玉林市非物质文化遗产代表性项目名录。

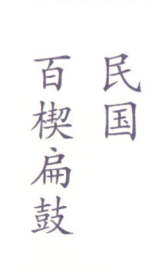

民国百楔扁鼓

民国百楔扁鼓
鼓面直径32.5厘米
鼓身高20厘米
现收藏于云南民族博物馆

祀

告慰先人
礼敬"三月三"

矗立于滇池之滨的云南民族博物馆民族乐器厅,展示着一件民国时期传统乐器——百楔扁鼓。百楔扁鼓以独特的制作工艺和音色而闻名,由鼓身、鼓面、楔子三个部分组成。鼓身为中空木筒,鼓的两头用牛皮蒙制为鼓面,并用牛皮绳固定。鼓身四周打入数十根排列有序的小木楔,用于调节鼓膜张力和鼓的声响。

鼓,在古代社会被用于战争、祭祀、乐舞等场合,不仅是音乐的载体,更是社会权力、宗教信仰和文化传承的象征。早期的鼓多为体鸣乐器,没有固定的形制,多以土、木、陶等材质制成。随着人类社会的发展,鼓逐渐演变为膜鸣乐器,即以皮革蒙于鼓框之上,通过敲击鼓面发声。百楔扁鼓作为膜鸣乐器的一种,其起源亦与这一演变过程密切相关。

百楔扁鼓作为一种双面击奏膜鸣乐器,广泛分布于云南壮族、瑶族聚居区,部分彝族、白族聚居区也有流布。不同地域的不同民族赋予其不同的称谓,出现一器多名的现象。它在壮族聚居区常见的称谓有"楔子鼓""牛皮鼓""百楔鼓"等,它在瑶族聚居区多用"扁鼓(扁木鼓、盘鼓)""羊皮鼓""圆鼓(双面鼓)"之名,在彝族聚居区称其为"羊皮鼓",在白族聚居区称其为"百楔鼓(调音鼓)"。百楔扁鼓在各民族节日庆典和祭祀仪式等众多民俗中扮演着重要角色,在"三月三"中也不例外。

在"三月三"期间,文山地区的壮族人民会上山举行祭龙仪式,祈求稻谷丰收、人丁兴旺、村寨平安。仪式活动中,百楔扁鼓作为伴奏乐器,用其清越粗犷的音色营造出了庄重肃穆的氛围。此外,人们还会开展各种活动,如踢鸡毛毽、抛绣球、碰红鸡蛋、赶花街、对歌、跳"手巾舞"等,载歌载舞,尽情欢乐。壮族"手巾舞"，一般只有男性才能跳，用牛角号、百楔扁鼓等作为伴奏乐器。牛角号有起拍、提示动作变换和控制节奏的作用；百楔扁鼓起着稳定节奏和丰富伴奏的作用，大多用于快速打击，通常在一拍内快速打击六七次。如今，参加"手巾舞"表演的不仅限于当地的壮族，还有共居的汉族、瑶族等民族，大家统一身穿节日盛装，组成盛大的舞蹈队伍，在百楔扁鼓的伴奏下，挥舞着白色布巾，踏着统一的节奏，成为民族文化交融中一道亮丽的风景线。

此外，百楔扁鼓在瑶族、彝族的各种节庆活动中，也扮演着很重要的角色。比如瑶族人民过盘王节时，用一边击奏百楔扁鼓一边起舞的方式纪念瑶族始祖盘王；云南省文山壮族苗族自治州丘北县彝族人民跳羊皮鼓舞时，百楔扁鼓就是最重要的伴奏乐器。

百楔扁鼓作为云南各民族共同使用的乐器，承载着不同时期各民族交往交流交融的历史事实。在百楔扁鼓演奏的音乐旋律中，既能感受到先民追求和谐、沟通天地的理想夙愿，也能听见中华文化各美其美、美美与共的和谐交响。

101 祀

告慰先人
礼敬"三月三"

三江花炮台

三江花炮台
长100厘米
宽57厘米
高140厘米
现收藏于广西民族博物馆

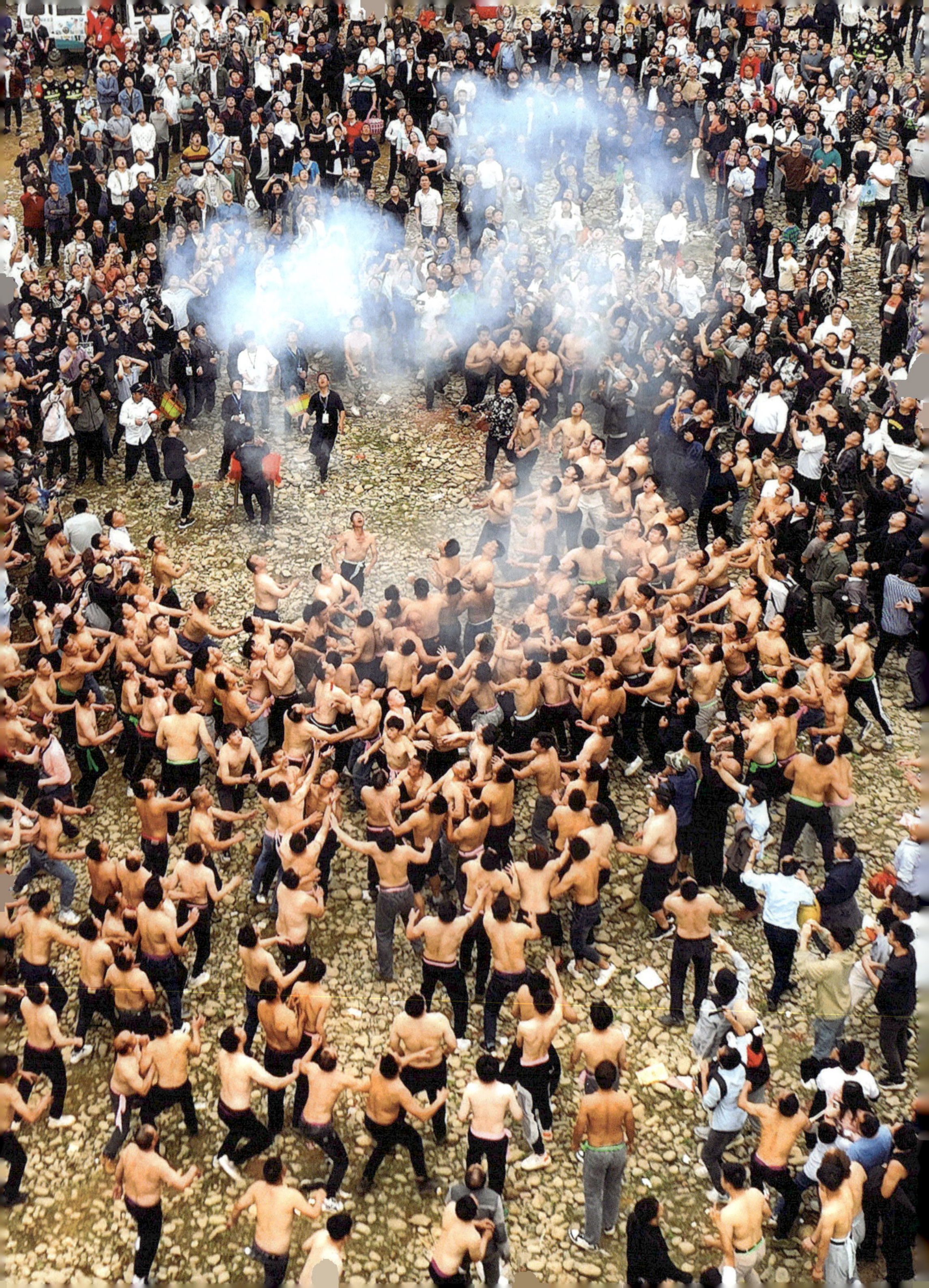

广西民族博物馆收藏的这件三江花炮台，是当地花炮节重要的道具，征集于广西三江侗族自治县富禄苗族乡。此花炮台工艺复杂、色彩鲜艳，整体显得庄严华丽。此花炮台整体为实木雕刻，融合了侗族鼓楼、汉族庙宇和宫廷等建筑元素，大门两侧书写楹联一对，门上方有横批"振兴中华，团结友谊"。瓦檐彩绘瑞兽和神仙人物，楼宇两侧镶满了各种花朵，楼顶镶有3只金色剪纸蝴蝶，花炮台顶披红绸。

花炮节，是广西壮、侗、仫佬等民族的传统节日，各地花炮节的举办时间不同，有正月初三，也有正月十五日、二月初二、二月十五日和三月初三等。

三江侗族自治县富禄苗族乡"三月三"花炮节历史悠久，始于清光绪年间，迄今已有100多年历史。富禄苗族乡"三月三"花炮节定期在每年农历三月初三举办，迄今已举办140届。民国的《三江县志》有关于富禄苗族乡"三月三"花炮节抢花炮的热闹情景的描述，"上巳民间有放花炮之会""其竞赛时以冲天铁炮（即旧时之地炮）内装小铁环，若实弹然，燃炮后，铁环直冲霄汉，观众闻炮声，即以铁环为目标，蜂拥争取"。富禄过去是木材集散地和商业点，商人们在农历三月初三燃放花炮以吸引顾客、招揽生意，后来活动逐渐演变为汉、侗、苗、瑶、壮等民族共同庆祝的盛大节日，一直延续至今。

按传统习俗，富禄苗族乡的"三月三"花炮节有"还炮""游炮""抢炮""接炮""养炮"等环节。"还炮"指上一年抢得花炮的人在当年花炮节前需将花炮送还以作当年抢炮之用。"游炮"指比赛当日众人抬"三牲"、花炮和制作精美的3座花炮台前往三王庙，并在供奉后举行盛大的游行活动，所有参加抢花炮的选手、演出队伍沿街道、大桥、码头巡游，最后到达位于河滩的主会场，活动正式开始。"抢炮"是花炮节的重头戏。花炮分一炮、二炮、三炮，分别命名为"发财炮""如意炮""添丁炮"，分别寓意财运亨通、万事如意、人丁兴旺。花炮用 3 个特制的铁环制成，每个铁环直径约 10 厘米，外缠红色布条。比赛开始时，炮师将铁炮座填满火药，并将花炮置于铁炮顶端，工作人员鸣鞭炮绕行禁区一周。裁判一声哨响，炮师点燃铁炮，现场轰隆巨响，一股浓烟冒起，铁环瞬间冲上高空，待到铁环快落地时，各队选手蜂拥而上、奋勇争夺，以挤、扳、钻、藏、护、传、拦等传统比赛技巧争抢花炮，并将花炮送到指定位置，待裁判鉴别真伪，并宣布花炮真实有效才算获胜。获胜方将获得花炮台、米酒等奖励。抢花炮场面十分热烈刺激。

除侗族、苗族外，广西壮族、瑶族、仫佬族也有抢花炮的习俗。清康熙《上林县志》记载了上林花炮节的盛况："三月三日真武诞辰，建斋设醮。或俳优歌舞，乐工鼓吹三日夜，谓之三三盛会。至期送圣，群放花炮酬神，观者竞得炮头，以为吉利，且主来岁之缘首焉。"《梧州日报》1988 年 4 月 19 日以《苍梧龙岩欢庆"三月三"》为题，记叙当地抢花炮之文体活动："数队由小伙子组成的抢炮队，叠起三层人梯，抢夺悬吊的花炮。"以上材料都生动记述了花炮节的盛况。1982 年起，国家民委、体委（今国家体育总局）相继将"抢花炮"列为全国少数民族传统体育运动会表演项目、竞技项目、大型重点竞技项目。2007 年以来，南宁市邕宁区的"壮族抢花炮"、柳州市三江侗族自治县的"侗族花炮节"、南宁市横州市的"横县炮会"、梧州市岑溪市的"岑溪抢花炮"、崇左市江州区的"左州金山花炮节"、百色市田阳区的"田阳抢花炮"、柳州市柳江区的"壮族抢花炮"、桂林市恭城瑶族自治县的"石口花炮节"和来宾市合山市的"汉族抢花炮"等项目被列入自治区级非物质文化遗产代表性项目名录，成为广西各地亮丽的民族文化名片。2021 年，南宁市邕宁区申报的"抢花炮（壮族抢花炮）"作为传统体育、游艺与杂技项目入选第五批国家级非物质文化遗产代表性项目名录。

告慰先人
礼敬"三月三"

花炮节,不仅是一个传统节日,更是增进各族群众交往交流交融的重要媒介。大家在庆祝节日过程中交流互动、团结协作、相互学习、彼此借鉴,你中有我、我中有你。花炮节成为融合各民族文化元素的文化盛会,是广西各族人民认同中华民族共同体意识的生动体现。

三江花炮台侧面

文山壮族"弄娅歪"面具

文山壮族"弄娅歪"面具
长 50 厘米
宽 54 厘米
高 50 厘米
现收藏于云南民族博物馆

祀

告慰先人
礼敬"三月三"

云南文山壮族传统民间舞蹈"弄娅歪"(壮语)主要流行于广南、西畴、马关等县的壮族聚居地区。"弄娅歪"意为"跳母牛舞","弄"是跳或耍之意,"娅"指成年女性,引申为雌性牛祖、牛神,"歪"指水牛。《广南府志》记载,"弄娅歪"起源于唐朝,是壮族群众的一种祭祀活动。"弄娅歪"作为壮族民间祭祀性舞蹈,早期主要在女性老人的丧事上进行,现逐渐演变为在喜庆节日上开展"弄娅歪"活动,以增加节日欢乐气氛,并祈求丰衣足食、风调雨顺。"三月三花街节"是文山壮族的传统节日,也是壮族青年男女相聚相识、对歌择偶的节日,"弄娅歪"是该节日主要的文娱和庆祝活动。

"弄娅歪"是集舞蹈、武术、杂耍、说唱等多种表现形式于一体的民间艺术,被誉为壮族民间舞蹈的"活化石"。2009 年 8 月,"弄娅歪"被列入云南省第二批省级非物质文化遗产代表性项目名录。关于"弄娅歪"流传着这样的传说:远古时候,壮族人民在面临饥荒和缺水的时候,水牛为壮族人民找到了稻谷种子和水源,帮助壮族人民躲过旱灾和饥荒。为了表达对水牛崇高的敬意和感激之情,广南壮族人民开启了祭拜母水牛的仪式,并把水牛作为图腾来崇拜。

"弄娅歪"面具的牛头用竹篾编制框架,以纸、布须裱糊而成并勾画出脸谱,形如兽头,鼻尖上有角,像犀牛,用长约 2 米的花格布做身衣。祭祀时,戴"弄娅歪"面具者的身体藏于身衣之中,举面具而舞;戴大头假面具和舞刀弄棍者,随鼓点不停地做吆喝牛的动作;戴猴头面具者模仿猴子跳跃,戏牛取乐。"弄娅歪"表演形式上以舞"娅歪"为中心,以鼓、锣、镲及铓等乐器为指挥,以自制的"娅歪"头及双面具人为引领，紧随拿刀叉、榔扒、双节棍、流星锤、长棍、双刀等兵器者进行表演。队伍行进时表演赶兽、驱邪等动作，最终以"娅歪"登高台的惊险杂技表演以示结束。该艺术形式在丰富文山壮族人民精神文化生活的同时，也激励着人们去追求理想生活。

根据相关资料记载，"弄娅歪"有一种表演形式为"拜唐王"。此仪式开始前，须在舞场中央悬挂一唐王（李渊）像，高挂各种样式的灯笼，唐王像的周围挂满祈愿国泰民安、烘托节日欢乐气氛及寓意美好的话语，如"唐王佑凡间""国泰民安日""锣鼓场上喧"等，也有类似汉族春节传统的吉祥祝福语"恭贺新禧"等。"拜唐王"的舞蹈场面有"龙摆尾""龙穿门"等，没有"舞牛"等情节，但是整个舞蹈过程有类似"拜牛"动作及武术、体操等表演。

公元618年，李渊建立唐王朝，立即对西南民族聚居区开展管理，于"武德元年（618）开南中"，设置羁縻州县，唐朝使爨宏达由长安（今西安市）返回西南担任昆州（今昆明市）刺史，以"诱诸部纳款"归附。于是，西南少数民族中的首领都纷纷投向唐王朝。同时，唐朝封南诏首领皮罗阁为云南王，利用他来镇压其他部落的反抗和遏制吐蕃势力的南下。据记载，在此期间南诏与中原地区的文化交流活动也日益频繁，如南诏曾派歌舞团到长安献艺，同时也把中原文化带回西南，促进了西南地区的文化艺术发展，所以"弄娅歪"中出现了拜唐王的内容。

传承至今的"弄娅歪"活动，以节为媒、以节聚客，创造性转化、创新性发展，让各族群众亲身感受兼容并蓄的壮族文化魅力，生动地体现了西南民族聚居区与中原地区的交往交流交融，是当地人民群众精神文化生活不可缺少的重要组成部分。

109 祀

告慰先人
礼敬"三月三"

文山壮族"弄娅歪"面具侧面

Dress

博物馆里的"三月三"

衣

炫酷"三月三" 五彩斑斓

　　古代上巳节，唐诗《丽人行》描写此盛况为"三月三日天气新，长安水边多丽人"，仿佛身着绚丽春装，走入迎春日纳吉祥踏青活动的人们就在眼前。如今的"三月三"，是各民族展示服饰文化的亮丽舞台。每当"三月三"来临，各族人民身着色彩斑斓的节日盛装精彩亮相，共赴一场春日盛会。壮族服饰以蓝、青、黑色为主，妇女头上多包着彩色印花头巾；苗族服装刺绣精美，多用银饰装点盛装；瑶族则好五色衣裳，以绣片、流苏点缀其上；侗族喜用"亮布"，银饰种类多样……各民族间的交往交流交融使得各地服饰在纹样、织法技艺上相互吸收借鉴。如清代水族马尾打籽绣背儿带上绣有寿字、蝴蝶、葫芦等喜庆纹样。麻江畲族枫香染背儿带绘有代表美满幸福的凤凰图案，表达对孩子的美好祝愿。壮族坠银饰绣花女盛装融合了凤鸟、蝶恋花、蝙蝠等中华传统吉祥纹样，寓意平安健康；寿字花纹壮锦体现了人们对福寿绵长的共同祈愿。广西融水苗族百鸟衣是古代中原地区"上衣下裳"服装形制的延续。畲族人民吸收汉族、苗族等民族服饰技法制作的传统凤凰装，成为"三月三"等重要活动中的节日礼服。这些绣在衣襟、裙摆上的纹样，不仅是各民族共有共享的中华文化符号，也传递着各族人民对美好生活的向往，展现了中华民族在文化交融中共同书写的绚丽篇章。

清代水族
马尾打籽绣背儿带

博物馆里的"三月三"

113 衣

五彩斑斓
炫酷"三月三"

清代水族
马尾打籽绣背儿带
主体长106厘米
主体宽56厘米
衣带长60厘米
现收藏于民族文化宫博物馆

博物馆里的"三月三"

"三月三"是贵州重要的节日之一。这一天，人们祭拜神灵，纪念祖先，祈求五谷丰登、人畜兴旺、幸福昌盛。这时也是踏青赏春的好时节，人们载歌载舞，青年男女则趁此机会对歌求爱，到处都是欢乐的海洋，处处都是美好的盛景。家有婴幼儿需要照顾的水族妇女在这时会拿出平日珍藏，只有在盛大节日时才使用的马尾绣背儿带，带着孩子一起参加这喜庆的节日。

背儿带在西南民族聚居区可谓家家户户必不可少。很多妇女生产之后，并不是把孩子放在家中，而是用背儿带将孩子固定在背上，背着孩子爬山、下田。孩子们从婴儿长成幼儿的两三年中，紧束在妈妈身上的背儿带就是孩子们最温暖舒适的摇篮。

水族的背儿带可分为四种，分别是歹结（马尾绣背儿带，"歹"意为背带，"结"意为马尾）、歹古（打结绣背儿带）、歹格（平绣背儿带）和歹亚（布背儿带）。其中，马尾绣背儿带被认为是水族最好的背儿带。这种背儿带大都是女子生育第一个孩子时，由娘家的外婆（或舅母）送的，是一种富贵、体面的象征，也是一种十分珍贵的盛装服饰。

这件贵州省三都地区的水族马尾打籽绣背儿带，整体呈"T"形，背儿带主体可分为上下两部分，上部呈倒梯形，下部呈矩形，大小刚好可以包裹住孩子，上端两侧的系带，用于捆绑并将孩子固定于身上。背儿带上面绣满了图案，图案可以分为三个部分，上部绣有寿字，中间绣着一只大蝴蝶，下部中间绣有一轮太阳，四周绣有蝙蝠纹，四角则绣有葫芦纹。

在水族聚居区流传着一则传说。很早很早以前，有一位母亲背着婴儿去地里干活，天上有九个太阳，这九个太阳把婴儿晒到晕厥无法醒来。这时飞来一只大蝴蝶伸出翅膀遮挡住天上的阳光，婴儿便恢复了健康。从此，水族就把蝴蝶视为保佑孩子健康成长的守护神，并亲切地称其为蝴蝶妈妈。水族马尾绣背儿带中心的图案，是固定不变的由九张绣片组成的一只大蝴蝶，寓意守护与关爱，也是

115 衣

五彩斑斓
炫酷 "三月三"

用背儿带背着
婴儿的水族妇女
梁汉昌 摄

对蝴蝶妈妈的感恩。背儿带上刺绣的寿字纹、寓意纳福迎祥的蝙蝠纹和多子多福的葫芦纹等传统图案，是对孩子的一种美好祝福。

除了水族的背儿带，许多民族也都有独具特色的背儿带。如苗族挑花背儿带，彝族补花绣和平绣结合的背儿带，壮族的平绣背儿带、补花背儿带。这些背儿带除了制作工艺丰富多样，装饰图案也是异彩纷呈。虽然图案内容多样，但大都是花鸟、蝴蝶、蝙蝠等寓意吉祥美好的图案。这些中华民族所普遍喜爱的纹饰和图案，体现了各民族之间的交往交流交融。

水族马尾绣传统刺绣技法被誉为刺绣"活化石"，而运用马尾绣制作的背儿带更是其中的珍品。马尾绣制作步骤繁多，共有52道工序，且工艺耗时，通常要一年时间才能完成，而一件制作精良的背儿带可以传承三代人。

制作马尾绣有六大步骤：第一步是制作马尾线。用白丝线将两三根马尾（最好是白色马尾）缠成马尾线，一个背儿带就需要20—30米的马尾线。第二步是固定图案轮廓。先用一根大针穿上马尾线，再用另一根稍小的针穿上同色丝线，然后一边用马尾线在布面上镶成花、鸟等图案的轮廓，一边用穿有丝线的小针将图案固定在布面上。第三步是填心。即用各种颜色的丝线（多以黑色、墨绿色和紫色为主）将固定好的图案内空隙部分填满。民族文化宫博物馆珍藏的这件背儿带使用了打籽绣法进行填心。打籽绣是用线条绕成粒状小圈，绣一针，结一粒"籽"，这种绣法结实耐磨，颗颗饱满均匀，呈现出一种类似浮雕的效果。第四步是镶边。丝线在四周挑成"花椒颗"的镶边图案。第五步是钉"金钱"。在绣品上钉上闪亮的小铜片以增加绣品的亮度。第六步是装钉。由于马尾绣制作工序烦琐细致，并且所有步骤都是纯手工，为了方便操作，便将绣品分解成若干小片，待所有小片都制作完成后，再用针线将它们按次序钉在一起，这样一件完整的马尾绣绣品才算制作完成。

衣

五彩斑斓
炫酷"三月三"

在贵州，"三月三"既是一个乡民们祭礼、集会的节日，也是青年男女谈情说爱的日子。无论是祈祷五谷丰登、渴望新生繁衍，还是青年男女期待早结连理、家庭幸福，都蕴含着对新生命的渴望与关心。这件在节日或重要场合上使用的背儿带，其纹饰隐含了祈子盼子、爱子护子、养子教子的寓意，传承着子孙繁衍、幸福安康的美好愿望，与"三月三"祓禊祈福、男女相会、游春踏青的节日内涵可谓不谋而合、相得益彰。

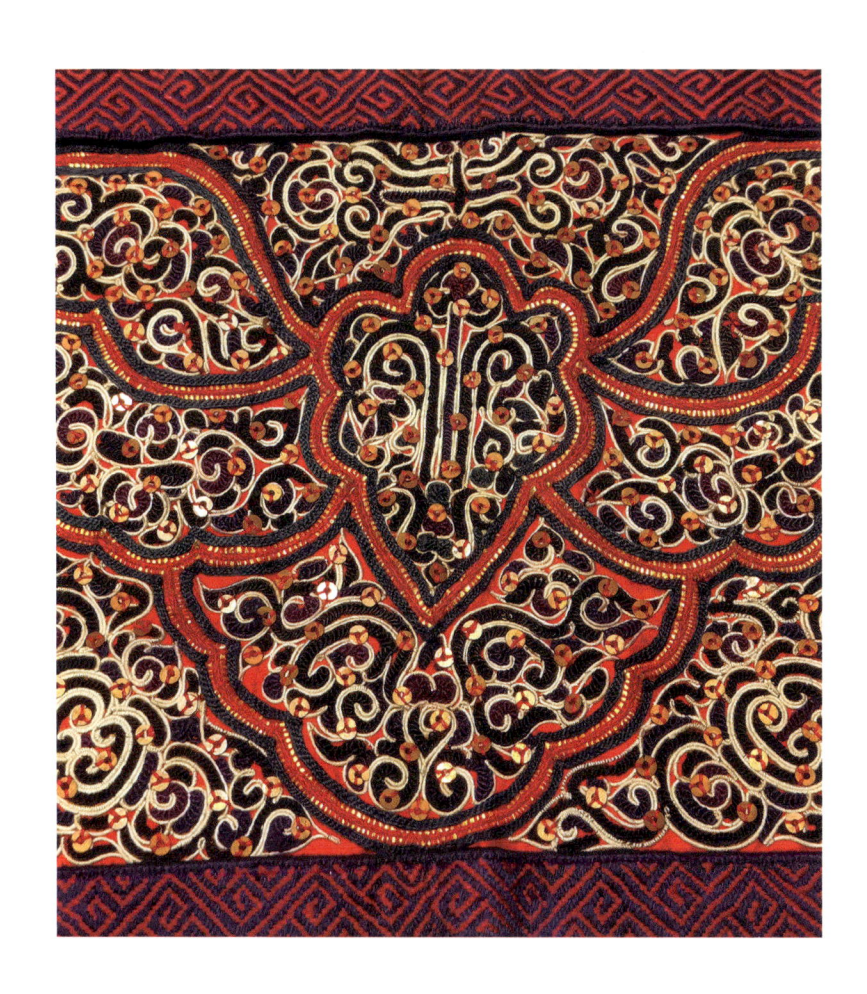

清代水族马尾打籽绣
背儿带（局部）

民国苗族坠银饰绣花镂空披肩

民国苗族坠银饰绣花镂空披肩
长72厘米
宽43厘米
重量300克
现收藏于民族文化宫博物馆

衣

五彩斑斓
炫酷"三月三"

披肩，又称云肩，因穿着时绕脖颈一周，披于肩背，其外形好似云朵，故名云肩。收藏于民族文化宫博物馆的民国苗族坠银饰绣花镂空披肩，征集于贵州松桃苗族自治县，为20世纪三四十年代民间绣品。该披肩在结构上主要分为三个部分，呈圈层分布。紧贴脖颈的最内圈层以蓝棉布为底，绣有七个有序排列的吉祥结，外以银白色环弧状细纹为边界。中间圈层以黑色棉布打底，绣有四枝环绕花卉，其中，胸前位置两枝花卉根部交汇于用蝶羽装饰的花篮中，花卉争奇斗艳，外又以红白交织的环弧状粗纹为界。最外圈层无底衬，呈镂空状，不仅绣有各种精致花草，还绣有各种灵动动物。正中是牡丹、凤凰图案，外围有蝙蝠、蝴蝶图案环绕，寓意吉祥富贵；边缘另有五串银饰垂挂，坠有各种花草、动物图案的长穗，长穗尾端悬挂银铃；穿在身上时，银铃随着身体的摆动而摇曳，发出清脆悦耳的声音。整个披肩饰品绣工奇绝，工艺精湛，令人叹为观止。

苗族民谚有云："无银无花，不成姑娘。"每逢重大节日，苗族女子身着盛装，头、颈、胸、背部满是银色的装饰，华丽而庄重。基于历史的传承，苗族同胞酷爱银饰，这些银饰承载着她们对自然的敬畏和祖先的崇拜。她们所穿戴的银饰不仅仅是艺人用精湛技艺所呈现的花、鸟、鱼、虫，更是民族文化中的美好祝福。盛装之下，凸显女性绰约多姿的银披肩岂能被忽略呢？苗族民谚又云："戴了银凤冠，不着银披肩，打扮得再美也不好看；戴了银项圈，再戴银披肩，生得再丑也好看。"由此可见银披肩在苗族妇女的银饰中的重要地位。正因如此，银披肩成为苗族同胞盛装时不可缺少的银首饰，也是每年中华传统节日"三月三"节庆典礼上常见的经典首饰之一。

  苗族同胞用银体现富有，意在辟邪，更兼具审美追求与文化传承。民族文化宫博物馆珍藏的这件民国苗族坠银饰绣花镂空披肩不仅体现了苗族工艺的精湛技艺，还展现了苗族同胞对美的追求、对生活的热爱、对传统文化的执着。据考证，披肩原本是妇女肩上的装饰物，是中国汉族服装重要的特征之一。经发展与演变，它形成了鲜明的装饰艺术特色，在中国服装史上有着重要的地位和研究价值。苗族同胞在与汉族同胞广泛的交往联系中，较早地受到了汉文化的影响，借鉴了汉族服饰的设计并衍化了新的肩饰文化。苗族云肩多镂空绣花并缀以银饰，常将凤凰、花、草、鱼、蝴蝶、石榴等图纹有秩序地连接成各种形状，并冠以各种祥瑞名称，既吸收了汉族吉祥图案的文化寓意，又保留了苗族多彩银饰的艺术风格。

  苗族同胞对银饰十分喜爱，赋予其沟通人与自然、神祇的丰富内涵与文化意蕴，这与中华传统文化息息相通，是锦绣多彩中华的具体体现。

现代苗族银饰
郁良权 摄

博物馆里的"三月三"

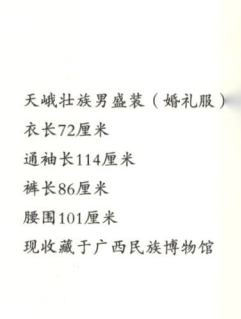

天峨壮族盛装

天峨壮族男盛装（婚礼服）
衣长72厘米
通袖长114厘米
裤长86厘米
腰围101厘米
现收藏于广西民族博物馆

123 衣

五彩斑斓
炫酷"三月三"

大峨壮族女盛装（婚礼服）
衣长62厘米
通袖长114厘米
裤长98厘米
腰围100厘米
现收藏于广西民族博物馆

在"三月三"传统节日里，青年男女"倚歌择配"挑选意中人，开启从相识、相恋到步入婚姻殿堂的旅程。虽然当下无论是"三月三"的择偶功能，还是婚俗中的一些传统仪式都在发生变化，但婚俗中最重要的组成部分——婚服却很好地保留了下来。当然，现在的婚服并不局限于婚俗之中，所以婚服亦可称为盛装，在一些重要节庆中也会使用，尤其是在"三月三"活动期间，婚服已经成为壮族文化的重要代表性符号。

这两套壮族服饰现藏于广西民族博物馆，是天峨壮族群众结婚时所穿着的盛装。其中，天峨壮族女盛装由方格头巾、圆领右衽大襟衣、黑色宽筒长裤、绣花鞋共同组配完成，为红水河流域一带壮族女子服饰的典型式样。而天峨壮族男盛装则由方格头巾、对襟上衣、黑色宽筒长裤、黑色布鞋共同组配完成，也是红水河流域一带壮族男子服饰的典型式样。这样的服装形制，是在天峨重峦叠嶂的地理条件塑造的相对独立的文化发展环境下，汉文化与壮文化以及其他民族文化相互碰撞、融合所形成的具有鲜明特色的地域民族文化的产物。

天峨，先秦时期属百越地。秦时属象郡。汉至隋，属牂牁郡。唐代置羁縻峨州，属江南道黔州都督府。宋时，属广南西路。明代，分属庆远府、泗城州。清至民国，分属庆远府南丹州、泗城府凌云县。现天峨县隶属广西河池市。天峨位于红水河的上游，地理位置重要，是西南各省区出海的水陆交通要冲之一。

历史上，壮汉文化的交流在天峨的地域范围内就一直源源不断，也被各个历史时期的文献记载下来。宋朝周密

《癸辛杂识续集下》描述"南丹婚嫁"云："南丹州男女之未婚嫁者，于每岁七月聚于州主之厅。铺大毯于地，女衣青花大袖，用青绢盖头，手执小青盖；男子拥髻，皂衣皂帽，各分朋而立……"清朝汪森所著《粤西丛载》："南丹溪洞之人呼为僮……椎髻跣足，穿耳悬环，男女如之……男服者，短窄衫，细褶裙，其长过膝。女服者，青衣花纹，小袂裙，以红绿缯缘，长则曳地。"显然，从宋至清中期，南丹、天峨一带的壮族服饰形制主要以"上衣下裙"为主。不过，如今南丹、天峨这一带的壮族服饰与文献记载差异甚大，服饰形制变成了"上衣下裤"，部分乡镇的服饰在衣裳之外还会套着一件围腰，这样的组配形制已经成为红水河流域一带的典型特色。《中国少数民族社会历史调查资料丛刊》记载："（天峨）衣服的式样，男装直至光绪末年才将宽阔的大襟衣改为开胸的汉装；女装都是大襟蓝干衣，在70年代以前，访亲赶场多穿裙子。裤子，到了清末渐多，不论外出或居家，多穿没有镶边的裤子，劳动时穿蓝干镶边的裤子。"20世纪50年代的田野调查报告指出，女服"右衽大襟衣＋大腰宽筒裤"组配的式样是在清朝末年才出现，并逐渐流布于红水河流域，一直传承至今。结合红水河作为珠江水系进入西南内陆诸省区的黄金水道，即可理解这里的"裙"变"裤"更多的是汉文化传播深入的结果，也是壮汉民族文化交融在壮族服饰上的实践。

  春暖花开的"三月三"，天峨的壮族和其他民族的青年男女一起共赴春天的盛会。一套套亮丽的盛装，构成了这个季节最美的画面。载歌载舞的各族青年男女意气风发，这就是民族欢歌，这就是繁华盛世。

文山壮族女盛装

"三月三",起源可追溯至远古时期的祭祀活动与农业生活,故也称为祭龙节。龙,在壮语里意为森林神灵。祭龙就是祭祀森林之神,祭祀时间为每年的农历三月第一个巳日,要举行隆重的祭龙仪式。经过数千年的历史发展后,祭龙节逐渐演变为集感恩自然、庆祝丰收、祈福纳祥、青年男女社交娱乐于一体的综合性民俗盛会。每当阳春三月,万物复苏之际,壮族群众身着节日盛装,欢聚一堂,通过唱山歌、跳竹竿舞、品尝五色糯米饭等形式,共同庆祝这一盛大节日,展现了壮族人民对生活的热爱与对自然的崇敬。

这两套分别收藏并陈列在民族文化宫博物馆和云南民族博物馆的壮族女盛装,都征集于云南省文山壮族苗族自治州,均为壮族成年女性在隆重的传统节日"三月三"必穿的节日盛装。

云南民族博物馆收藏的文山壮族坠银饰绣花女盛装,是云南文山壮族女服的典型代表:头饰为蓝底点缀刺绣头帕配银牌、银铃冠帽,上装为绛黑色交领右衽长袖下摆扇角翘尾收腰短衣,在领口、衣袖、衣襟处绣壮族特色的精致刺绣纹样镶壮锦,还在衣领和衣摆的刺绣上缀饰以银披肩和 8 块花样繁复的银佩牌,下装为挺括的黑青百褶裙,腰侧搭配上一条长约 90 厘米、宽约 15 厘米的壮族刺绣系腰(壮语称之为"比多")。

127　衣

五彩斑斓
炫酷"三月三"

文山壮族坠银饰绣花女盛装
衣长53厘米
裙长81厘米
现收藏于云南民族博物馆

博物馆里的"三月三"　　128

文山壮族女服
夹衣后身长62厘米
胸围84厘米
裙长74厘米
腰围60厘米
现收藏于民族文化宫博物馆

衣

五彩斑斓
炫酷"三月三"

随着历史的推进，尤其是在与周边其他民族的交往交流中，壮族文化吸收并融合了多种文化特征，壮族服饰也逐渐融入了汉族及其他民族的文化元素，使得壮族服饰成为多元文化交流交融的产物。

壮族群众在"三月三"所穿的盛装，形制为短衣配百褶裙，反映出南方壮族在服饰形制上共有的交融元素。壮族的历史可追溯至古代百越族群，其发展经历了漫长的历史沉淀和文化演进。早期的壮族服饰受到炎热、多雨、潮湿的气候特征及独特的地理生态环境、生产方式和社会结构的影响，形成了与地域特色相适应的短衣配百褶裙的服饰形制风格，这也是我国南方壮族普遍采用的服装基本形制。

壮族服饰中所使用的刺绣技法，既有色彩丰满、层次感强的平针绣，也有立体感很强的贴布叠绣和极具民族特色的抛花绣、打籽绣等，从中可以看到既有汉族传统刺绣的影响，又有壮族自身的刺绣创新。在壮族刺绣图案设计上，有汉族常用的代表祥瑞的凤鸟、蝶恋花、蝙蝠、花卉纹样的丰富组合，也有代表壮族图腾崇拜的古老孕蛙纹和水云纹组合及太阳神鸟组合——"四鸟朝阳"纹样等，而后者又与四川成都金沙遗址出土的商代蛙型器金片和太阳神鸟金饰造型十分相似，这与中华远古人类对以蛙为代表的月亮崇拜和以太阳鸟为代表的太阳崇拜，有着一脉相承之意。

壮族儿童银饰

梁汉昌 摄

在用银饰品装点服装方面，可以看到中华各民族的共有遗风，如高冠银帽上密布的用根根细银簧丝支撑起的银蝶及彩色绒球花，可以说是古代步摇的沿袭之物；壮族和苗族、瑶族、哈尼族、景颇族等民族一样，认为银饰高贵美观，是富有的象征，同时具有某种除灾祛病的功能，故而除披银披肩，还在银帽边沿、衣摆处镶缀压有龙、蛙、蝶、鸟等吉祥图案的银牌等，表达驱邪消灾的祈愿。

壮族女盛装，每一针、每一线、每一件饰品，都蕴含着中华民族对美好生活的愿景和对传统文化的坚守。

文山壮族女鞋

隆林各族民族服饰

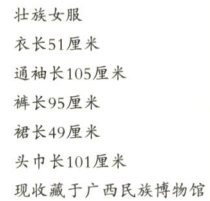

壮族女服
衣长51厘米
通袖长105厘米
裤长95厘米
裙长49厘米
头巾长101厘米
现收藏于广西民族博物馆

133　衣

五彩斑斓
炫酷"三月三"

汉族女服
衣长58厘米
通袖长131厘米
裤长97厘米
头巾长354厘米
现收藏于广西民族博物馆

博物馆
里的
"三月三"

苗族女服
衣长62厘米
通袖长114厘米
裙长50厘米
围裙长40厘米
围裙宽55.9厘米
现收藏于广西民族博物馆

135 衣

五彩斑斓
炫酷"三月三"

彝族女服
衣长58厘米
通袖长136厘米
裙长93厘米
头巾长36.2厘米
头巾宽24.5厘米
现收藏于广西民族博物馆

博物馆
里的
"三月三"

136

仫佬族女服
衣长67厘米
通袖长138厘米
裙长85厘米
现收藏于广西民族博物馆

衣

五彩斑斓 炫酷"三月三"

广西百色市隆林各族自治县被称为"没有围墙的民族博物馆"。每年"三月三"期间，这里歌声嘹亮，热闹喧天，堪称最佳的"博物馆活态展览"，各民族服饰成为"活态展览"中最为浓墨重彩的画面。

收藏于广西民族博物馆的广西隆林民族服饰系列包括隆林各族自治县境内的壮族、汉族、苗族、彝族、仡佬族5个民族的传统女服。这些女服形制多样，款式繁多，各有特点，不仅是广西民族服饰的重要组成部分，也是中华民族服饰文化多样性的生动呈现。

壮族女服源于隆林各族自治县沙梨乡，主要由头巾、短衣、百褶短裙、大腰宽筒长裤组配完成，因短衣、短裙、长裤的叠穿效果，也被当地群众形象地称为"三层楼"。衣短齐腰，为右衽斜襟交领式样。传统女服有黑、白、蓝三色，黑衣的缝制最为讲究，用彩绸做底，刺绣出各种花草鱼鸟的领襟装饰，显得格外端庄艳丽。百褶短裙，褶裥细密，在裙下摆处有一道挑织的"卍"字流水纹装饰，彰显壮族女子纺织技艺的精湛。裙头两侧有两条长短不一的刺绣花带，花带的末端接有玫红色穗子。系裙子时是从前腰往后绕，短带垂吊于后腰，长带绕前紧束后沿两腿垂坠，人走路的时候绣带飘垂于裙前身后，使身姿更显得袅袅婷婷。裤子为大腰宽筒长裤，裤长至脚，多为黑色土布。女子无论何时都要包头巾，头巾以白色为主，两端有黑色织花，并留有吊穗，包头时先叠放两层，以倒梯形式缠绕于头，穗络悬垂于双肩之上。阳春三月，风和日丽，春暖花开，百鸟欢歌。隆林壮族在祭祖的同时，还会举办盛大的歌圩，以及开展踩风车、荡秋千、演壮戏等活动。隆林壮族女子就是穿着这样一套展现曼妙身姿的民族服饰，与壮族男青年一起摆歌场欢唱山歌，欢庆时间为三天。

"三月三，洗汗衫；祭始祖，染黄饭；防头痛，煮鸡蛋。"这是隆林汉族村寨流传的顺口溜，也是隆林汉族在"三月三"期间流行的风俗。隆林汉族从外迁徙而来时，因平坝等地已经居住着壮、苗等民族，故以高山丛林为栖居地，而被称为"高山汉"。由于历史和生存环境独特，在长期的生活中，他们与周边民族交往交流，不仅着装上受到当地壮、苗、彝、仡佬等民族服饰特色的影响，与中原地区的汉族有了区别，也在"三月三"的风俗里引入了其他民族的歌圩文化。隆林汉女服包括头巾、短衫、长裤、围腰等。头巾为长条形，用时缠裹，两端留有十来厘米的吊穗于右耳处垂吊。短衫也称为"小匾衣"，多为蓝色棉布或化纤布裁剪而成。围腰套于短衫外，上部用粉色、墨绿色细绦带贴缝出马鞍形状的纹路，宛如隆林汉族居住地的层层高山。曾经，隆林的"三月三"歌节，主要以桂、滇、黔三省区的壮、布依、苗等族庆祝为主；如今，在长期的往来交流中，隆林汉族女子也身着民族盛装，以村寨为单位，与其他民族相聚一堂，在"三月三"歌节期间参与各项山歌比赛，共同感受民族文化的魅力。

根据语言和服饰的不同，居住在隆林的苗族有多种不同的自称，如偏苗、白苗、红头苗、清水苗、花苗、素苗等支系。其中素苗女服最有特点，主要由贯首衣、百褶裙、围裙等组配完成。贯首衣是人类早期的服装形制之一，也是苗族最早的服装类型。虽然素苗贯首衣有了发展变化，双层叠加的翻领局部创意显示出苗族服饰的变迁，但"穿中贯其首"的主要特征从未改变。后来，隆林苗族服饰出现的对襟、交襟、大襟等也是在此基础上与汉文化融合的服饰结构。服饰在变迁，节庆民俗亦如此。《隆林苗族》一书记载，"三月三"是隆林苗族较大的节日之一，过此节日在苗族人看来就是到该插秧的时节了。过"三月三"，有的杀鸡、杀鸭，有的煮腊肉、炖猪脚、蒸糯米饭。摆席时先供祭祖宗。除了祭祖，苗族同胞亦穿上节日盛装赴"三月三"歌节，与隆林其他民族群众一起对唱山歌，展演蜡染、刺绣、织锦等各项具地域特色的苗族非物质文化遗产项目，丰富了"三月三"的内容。

节日期间，来自桂、滇、黔三省区的壮族、苗族、彝族、汉族等群众会相聚共庆，载歌载舞，此时彝族女子也会盛装打扮，在歌会舞台上尽情展示自己的魅力。彝族女服主要由刺绣头帕、右衽大襟衣、长裙、绣花鞋等共同组配完成。头帕为长方形。衣圆领右衽大襟式样，衣长及臀，两侧开衩，领襟、袖口等处饰明显的蓝、白色布带和贴缝白线勾边的红色卷草纹花带。裙长及脚踝，由红、蓝、黑色彩布拼缝而成，与衣身的蓝、白、红、黑等色相互映衬，象征着彝族女子清纯可爱、善良可亲的形象和热爱生活、勤劳智慧、健康向上的生活态度。

《隆林仡佬族》一书记载，每年三月初三是仡佬族的"祭祖节"。相传其祖先在阳春三月来到广西隆林，他们艰苦创业，繁衍后代，所以后人每年三月初三都到先祖最先到的斗烘寨"神洞"即祖先洞举行祭祖活动。和隆林的汉族一样，在和周边民族长期交往交流交融的过程中，仡佬族也开始参与"三月三"歌节活动。仡佬族女服整体由头帕、右衽短衫、长裙、绣花鞋等共同组配完成。无论是头帕，还是短衫的领襟、袖口或者长裙、鞋子，都刺绣有花草，而长裙裙身贴缝的数十条五颜六色的花带，让仡佬族女子袅袅娜娜、顾盼生辉。

千姿百态、绚丽多彩的隆林各族服饰，其纺织、蜡染、刺绣都堪称民族文化珍品。透过这一系列的民族服饰，我们看到的不仅是服饰艺术的精美，更能领会服饰中的民俗节庆文化。2006年起，隆林各族自治县党委、县人民政府每年"三月三"在县城连续举办"颠罗颠罗那"壮族歌会等节庆活动，深受县内外广大群众欢迎。后来，歌会以

21世纪初,广西隆林各族自治县
新州镇苗族群众在挑花刺绣
梁汉昌 摄

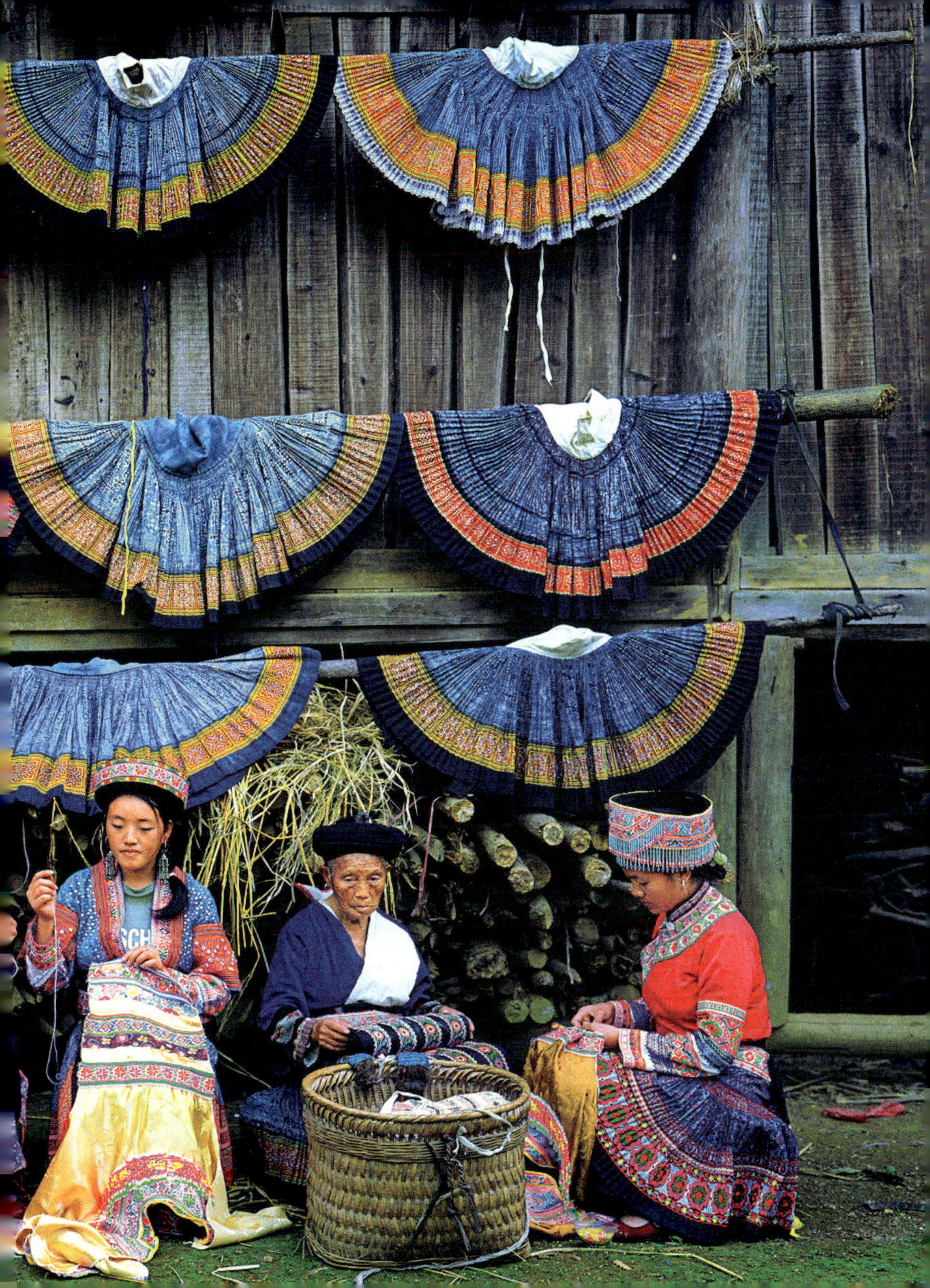

21世纪初,广西隆林各族自治县猪场乡身着民族服饰的苗族女性
梁汉昌 摄

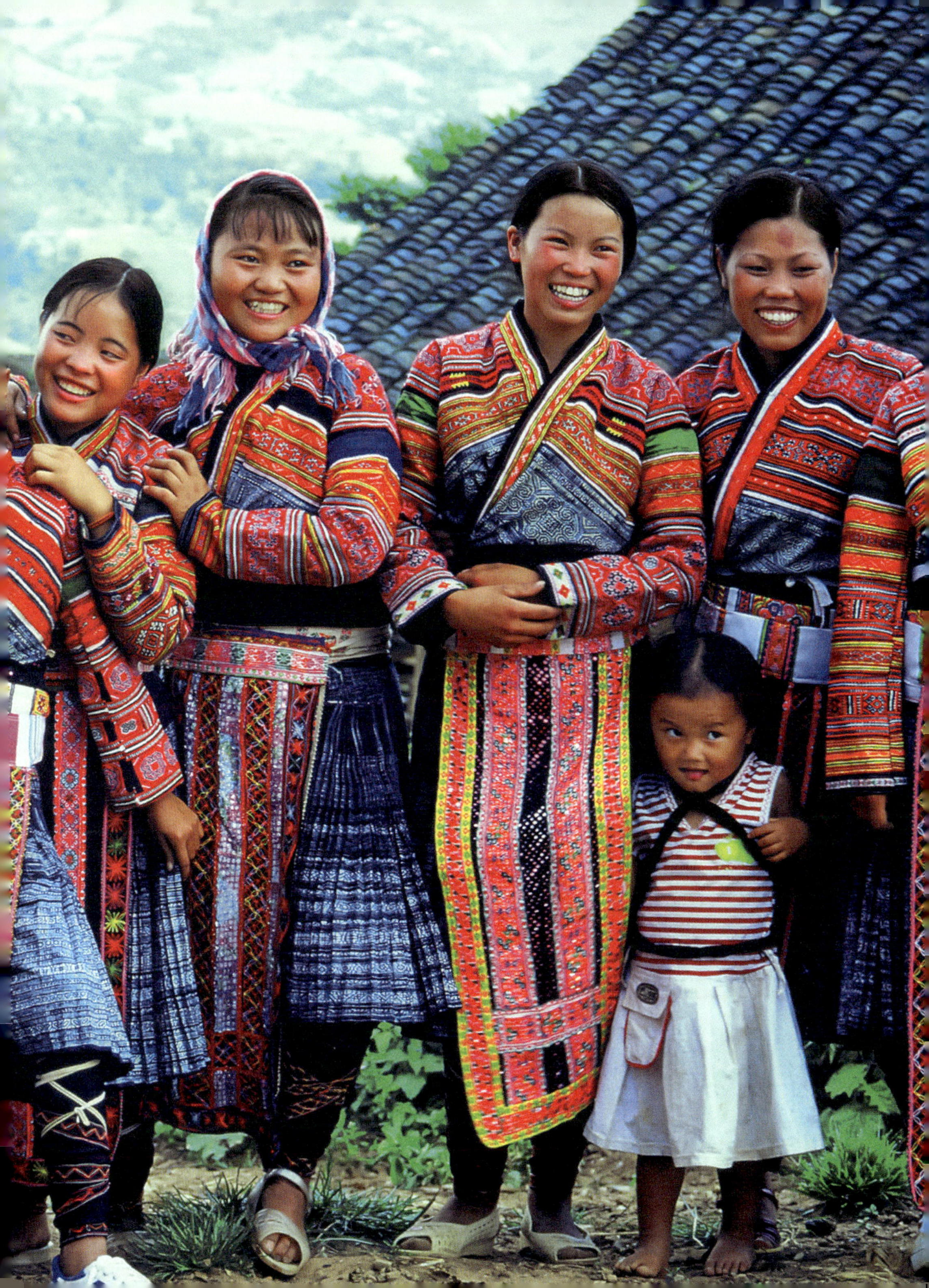

隆林为中心，扩展至南盘江两岸，有南盘江调山歌、北楼调山歌和布依族山歌等民歌大联欢，有"百村千人"山歌赛，还有"五彩隆林　最炫民族风"民族服饰展演。那一场场民族服饰展演的盛宴，那一首首来自身着各民族服饰的人们唱响的山歌，让"三月三"节庆文化生生不息、代代相传。

博物馆里的"三月三"

广西隆林各族自治县
德峨镇彝族五彩裙
梁汉昌　摄

衣

五彩斑斓
炫酷"三月三"

罗平布依族少女装

从每年的农历三月初二起，居住在云南省曲靖市罗平县的布依族群众连续三天庆祝"三月三"这个盛大的节日。节日期间，赛竹筏、打水枪、打水仗、玩水车、泼水、闹水、戏水和唱情歌等活动丰富多彩，人们沉浸在祥和喜庆的气氛里。男女老幼身着节日盛装齐聚在罗平八大河河边吃百家饭、喝全锅汤，成群结队的姑娘来到歌场同小伙子们对唱山歌，儿童带上红鸡蛋，拿着小水车到河边玩耍。如今在罗平，"三月三"已成为所有生活在罗平县的人们及游客共有共享的节日。

收藏于云南民族博物馆的这套罗平布依族少女装，共一套六件，是罗平县少女庆祝"三月三"时穿的节日盛装。这套节日盛装蕴含着布依族传统的基因密码和各民族交往交流交融的印记。其头饰是一款带有银牌和毛绒球装饰的帽子，项饰是一条银质环扣的链子。布依族常用金银制作各种首饰，特别是银饰在布依族的美学中占有重要地位。清乾隆时期的《南笼府志·地理志》记载"椎髻长簪，银环贯耳，项挂银圈，多以为荣"，到现在各种类型的银饰成为布依族必佩的装饰。近年来随着各民族杂居和相互交流，布依族受到当地彝族服饰文化影响，将装饰用毛绒球增加在头帕上，和银牌、头巾固定在一起形成帽子。

上衣分内外两件，内衣是领口和袖口都配有绣花边的对襟衬衣，衣袖还特地拼接了布依族妇女自织的格子布。布依族是一个崇尚纺织的民族，有"选婿看犁田，择妻观纺织"的说法。在过去的布依族家庭，家家都有全套的纺织机具，姑娘们从小就开始学习纺织工艺，一家人穿的、戴的、盖的、垫的以及婚丧嫁娶等用于礼尚往来的布，全部由家里的女性纺织。不同颜色的布料用途各异，花

博物馆
里的
"三月三"

146

罗平布依族少女装
外衣长84厘米
裙长150厘米
现收藏于云南民族博物馆

格子布用作垫单、被盖和装饰用料。"三月三"节日期间，已婚女性回娘家，娘家人一般会送格子布料作为礼物。

外衣是一件短袖收腰、两边开衩、下摆呈弧形、袖口和下摆都有绣花的棉质亮布衣服。布依族妇女擅刺绣，妇女的衣裙、围腰、鞋面、枕套、门帘、荷包、手绢等都会绣有各种花形的纹样，有蝴蝶花、十字花、水纹花、盘桃花、粉团花等数十种。刺绣一般都是自绣自用，只有姑娘、姊妹和恋人间才互赠为礼。这件外衣的刺绣纹样是平针绣，表现为藤条上盛开的豌豆花和一对蝴蝶。蝴蝶在文学作品中象征吉祥如意和对美好爱情的向往，也是各民族共有共享的中华文化符号和形象。"三月三"正是布依族男女青年交友的好时节，蝴蝶纹样的少女装恰好烘托了节日的气氛。

下装是一条松紧带缩口的蓝黑色百褶裙。百褶裙是布依族妇女从明清至民国时期穿的传统服饰，裙子用布依族靛蓝染色的布制作，这种布经过天然染色、清洗晒干、棒槌捶击，变得青紫光亮，俗称亮布。脚上穿的是翘鼻子绣花鞋，也叫"猫鼻子花鞋"，鞋面上绣有带藤条的花纹。布依族绣花鞋有着悠久的历史，是妇女婚嫁时必备的物品之一，也是展现布依族传统手工艺术的杰作，出嫁的布依族新娘以穿绣花鞋为贵。同样，在云南彝族、水族的习俗中，姑娘出嫁时满身皆彩，穿上绣有各种花卉的钩尖绣花鞋能保佑姑娘一路平安、生活幸福美满。

一套朴实的布依族少女装，蕴含布依族、彝族和汉族文化的传承，不仅承载着布依族的传统审美和勤劳智慧，而且讲述着各民族交往交流交融的故事。正如"三月三"节日一样，是历史上各民族交融互鉴的缩影，象征着各民族你中有我、我中有你，彼此离不开的亲密关系。

融水苗族百鸟衣

百鸟衣，顾名思义，是由很多种鸟的羽毛缝制而成的服饰。在融水苗族自治县杆洞乡流传着这样一则传说：当地苗寨有一位头领与地方官勾结，时常欺压寨子里的村民，霸占土地和粮食，弄得百姓生活苦不堪言。在一个灾荒之年，由于生活本身就极其艰难，又受到头领的层层压迫，无奈之下一位年轻有为的小伙子组织村民奋起反抗，把头领驱逐出了山寨，而后小伙子带着大家走进大苗山深处打猎采集，度过灾荒，小伙子也被村民推举为"苗王"。小伙子有一个美丽的妻子，她的手艺非常精湛，不仅会在服饰面料上制作精美的蜡染和刺绣图案，还会把打猎得到的各种飞禽的羽毛和采集到的各种植物果实缝缀在服饰上，借以期盼粮食富足，生活更加美好。每到苗族重要的坡会，她就会穿上这样的衣服去跳踩堂舞，婀娜多姿。这样的服饰越来越受到苗族民众的喜欢，逐渐成为苗族坡会中重要的着装式样。过去，百鸟衣曾经是当地苗族女青年在坡会里吹芦笙跳踩堂舞时穿着的服饰。现在，百鸟衣是苗族女青年在各种重要场合的一种着装，成为重要的民族礼服。

苗族百鸟衣被称为穿在身上的"民族史诗"，是苗族文化的重要载体。此套苗族百鸟衣征集于广西柳州市融水苗族自治县杆洞乡，是当地女子在节庆日里的重要服装，主要由对襟短衣、胸兜、百褶裙、羽饰带裙、脚套和绑带组配而成。其中，对襟短衣、百褶裙和脚套主体由黑偏紫红色泽的亮布裁剪缝制而成。亮布是以蓝靛为主要染色原料，在染色工序中进行特殊处理后呈现出"紫黑""青黑""亮黑"等光泽效果的特殊面料，是苗、侗、壮等民族

149 衣

五彩斑斓
炫酷"三月三"

融水苗族百鸟衣
衣长57厘米
通袖长117厘米
百褶裙长42厘米
裙带长55厘米
脚套长39厘米
现收藏于广西民族博物馆

融水苗族百鸟衣对襟短衣背面

在挑选服饰面料中最为常见的选择。通过一身焕发出紫红至黑的亮布色泽,人们即可知穿上此套服装的苗族女子在生活中扮演着重要的角色。用亮布裁制的对襟衣呈直领开襟窄袖式样,两侧开衩,领襟、袖口贴缝宽约5厘米的蓝、绿、黄布底的缠枝花叶纹刺绣花带,领口有一圈绿底对鸟花纹刺绣与紫色锯齿状、粉色花瓣状的布贴绣由内至外依次装饰,与袖身上的蓝布底花鸟纹刺绣、白色锯齿状和粉色花瓣状的布贴绣形成风格和谐统一的整体。不仅如此,后领口对花相望的雌雄双鸟,与袖身右侧同枝站立交谈的双鸟、袖身左侧两鸟的尾部相交,表达的自然交配的形态,不仅是苗族女子对自然的热爱,更隐喻着苗族女子对爱情的期许。配以对襟短衣和裙带身上缝缀的草果羽毛吊坠装饰,透射出苗族百鸟衣的重要功能,即作为苗族人生礼仪中的重要着装,显然苗族百鸟衣与春暖花开、鸟类繁殖的春季息息相关,在春意盎然的"三月三"节日中彰显苗族女子的青春洋溢,以及苗族女子对爱情、家庭、未来美好生活的期盼和祝愿。

151　衣

五彩斑斓
炫酷"三月三"

广西融水苗族自治县三防镇举行"潮聚三月三·和谐在八桂"暨民族团结交流活动
何海晔 摄

在融水苗族自治县，"三月三"一般持续三至五天。三月初三当日，杆洞乡外出的村民和外嫁的女子，以及几十个村寨的青年男子都会穿上亮布盛装，头插羽毛，参与节日盛会的青年女子则会穿上百鸟衣，头戴银帽，身上佩戴各种银饰，齐聚乡中心的芦笙柱平地上，围绕着芦笙柱形成圆圈。此时小伙们吹芦笙，姑娘们跳踩堂舞，芦笙嘹亮，舞姿蹁跹。百鸟衣在婀娜的姿态中，裙带飘起，羽坠飞扬，苗族女子宛如一只又一只灵动的凤鸟盘旋于芦笙之间，洋溢着春的气息。情投意合的青年男女则在活动后两两相处，于村前、山里、林间相互唱起悠扬的山歌，在生机勃勃的春天里倾诉爱慕之情，以及对家庭、对未来的畅想。

　　曾经，"三月三"不仅是苗族村民祭祖团圆和走亲访友的节日，更是村寨青年谈情说爱的美好日子；如今，它也是各民族群众同胞共同欢聚一堂、载歌载舞，共享中华民族多彩文化的节日。在融水苗族自治县的"三月三"活动中，外来宾朋可体验热情的苗族人民的拦路酒、吹芦笙迎宾、跳踩堂舞等民俗活动。最引人注目和人们参与度最高的环节，就是各民族同胞在嘹亮的芦笙中，在身穿苗族百鸟衣的苗族女子引领下，大家一起手拉着手围着芦笙柱形成一个大圆圈跳舞。民族团结和谐欢歌在这里被演绎得淋漓尽致。

153 衣

五彩斑斓
炫酷"三月三"

畲族传统凤凰装

畲族传统凤凰装
上衣长70厘米
裙长48厘米
头笄长13厘米
现收藏于浙江丽水市博物馆

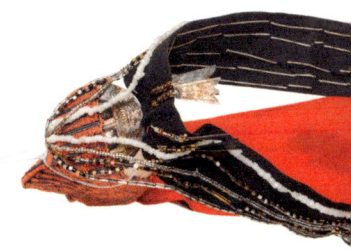

每年"三月三"前后，畲族同胞聚集的地方张灯结彩，旗幡飘扬，鞭炮震天，穿着节日盛装的畲族群众从大村小寨如潮水般涌出，山歌对唱、祭祀舞蹈、民俗表演、体育竞技等活动热闹非凡。如今，"三月三"不仅仅是一个节日，也是展示民族文化、促进民族团结的重要平台。在畲族绚丽多彩的文化宝库中，传统凤凰装宛如璀璨明珠，静静承载着深厚的历史底蕴与民族文化。

收藏于浙江丽水市博物馆的畲族传统凤凰装，一套四件，是畲族人庆祝"三月三"时穿的节日盛装。畲族传统凤凰装的一针一线、一纹一饰之中，究竟隐匿着哪些畲族古老而独特的基因密码？

畲族妇女丽水式头笄尤为引人注目。其通长13厘米，通宽4.8厘米，虽小巧却十分精致。它由头冠、头冠巾及银钗、石珠（料珠）串等精妙组合而成。头冠以竹筒精心制作冠身，质朴而坚实，外裹鲜艳夺目的红色头冠巾，瞬间点亮整个头饰。头端精心镶着圆形银片，石珠串如同灵动的纽带将各部分相连，畲族女子佩戴时，把发髻梳理整齐，将其稳稳置于头上正中，再插上银钗，整套头笄尽显庄重典雅。这不仅仅是一件装饰品，更是畲族图腾崇拜的直观呈现。畲族视凤凰为祥瑞之鸟，该头笄的造型与凤凰的头部有着微妙呼应，银片似凤喙、凤冠，石珠如凤颈上的璎珞，承载着畲族人民对祖先的追思与对美好生活的祈愿，是研究畲族民俗、信仰不可或缺的实物依据，其工艺价值也为传统手工艺研究提供了珍贵范例。

衣

五彩斑斓
炫酷"三月三"

　　这套传统畲族女式服饰整体风格独具韵味。上衣和裙子选材以布为主基调，既考量实用性，又贴合民族审美。通体呈黑色，上衣采用小立领设计，保暖又端庄。斜襟搭配精致盘扣，于细节处彰显工艺匠心。立领和斜襟处镶有精美紫红色绣片，恰似暗夜绽放的繁花，细腻的针法勾勒出凤凰图案，栩栩如生。裙摆边同样镶着一圈紫红色绣片，与上衣呼应，摇曳间尽显优雅。畲族女花鞋，布麻线编织的掌底扎实耐磨，藏青色布鞋面，尽显古朴典雅。鞋型呈虎头鞋状，浅帮设计活泼俏皮，鞋面以五色红绣贴底排绣变形花卉，布局均匀，五彩丝线交织出繁花似锦，鞋前还装饰有三色丝线的鞋缨，为整双鞋点睛添彩。这双花鞋承载着畲族女子新婚的喜悦与对未来美好生活的祈愿，是畲族婚俗文化中浓墨重彩的一笔。

　　凤凰装从头饰到服饰，每一处皆融入凤凰元素，这背后是畲族源远流长的凤凰图腾崇拜。传说畲族始祖盘瓠王因平番有功，娶高辛帝三公主为妻，在成婚大礼上，帝后娘娘赐给三公主一顶美丽的凤冠和一件镶有珠宝的凤衣，祝福女儿像凤凰一样吉祥如意。此后，畲族女性便以凤凰装为盛装，世代相传。头饰的造型宛如凤凰昂首，银片似凤羽闪耀；衣裳的裙摆仿若凤凰展翅，紫红色绣片恰似凤凰绚丽羽毛：生动展现凤凰在畲族文化中的核心地位。制作凤凰装的工艺更是集畲族民间智慧之大成，从纺织、印染到刺绣、银饰打造，皆有独门技法，且多为家族传承、口传心授，蕴含着先辈对工艺精益求精的追求，在一针一线、一锤一錾中倾注对民族文化的热爱。这些服饰不仅供穿戴使用，还是畲族文化传承的重要载体。

麻江畲族枫香染背儿带

麻江畲族枫香染背儿带
长79厘米
宽43厘米
现收藏于贵州省民族博物馆

衣

五彩斑斓
炫酷"三月三"

贵州畲族原称"东家人",史称"东苗""东家",自称"阿孟"或"嘎梦",均为汉语音译。1996年被认定为畲族。据全国第六次人口普查统计,贵州省内有3.66万畲族人口,主要居住在贵州省黔东南苗族侗族自治州凯里、麻江和黔南布依族苗族自治州都匀、福泉等地毗邻的山区,现在还保留着本民族的语言、服饰、婚丧礼仪和节庆等。

"三月三"是畲族最重要的传统节日之一。每年农历三月初三,居住在福泉、麻江、凯里等地的畲族群众便会聚集在三根树村载歌载舞、对歌盘歌,这种传统至今已延续了600多年。如今的"三月三"还融入了歌舞表演、民俗展演、趣味运动等活动,成为一项综合性的民族文化活动。节日期间,三根树村附近的角冲、六个鸡、六堡等畲族村寨的男女老幼齐来聚会,大家一起祭祖、跳粑槽舞、吹芦笙、唱歌,身着节日盛装的畲族未婚青年男女借此机会谈情说爱,节日的歌堂上响起优美动听的畲族情歌:"姑娘十八一枝花,蜜蜂成群去采纳,有意来采花中蕊,邀请姑娘作回答。""好花生在贵石岩,戴花要等贵人来,戴花要等贵人到,贵人来到花才开。"明弘治《贵州图经新志·土民志一》所载"东西吹笙唱歌,旋马跳舞"即指在"三月三"、芦笙节、"四月八"和祭祖节等节庆期间,畲族男女青年相约到山坡、草坪,吹芦笙、唱歌、跳舞、畅叙衷情的盛况。"三月三"活动丰富多彩,人们沉浸在祥和喜庆的气氛里。如今在福泉市三根树村,"三月三"不仅仅是畲族的节日,也是汉族、苗族、布依族、侗族等各族群众共有共享的节日。

"三月三"也是畲族妇女回娘家探亲和访友的日子。来自麻江的畲族母亲,用漂亮的枫香染背儿带背着宝宝回娘家,并和娘家的姊妹相约参加凤山镇三根树村"三月三"民族文化节。整个背儿带最吸引人眼球的不是它用破线绣、布贴等技法刺绣花卉纹装饰的部分，而是那颜色和花纹古朴雅致、被誉为画在布上的青花瓷——枫香染的部分，其主要图案为一只浴火重生的凤凰。畲族被誉为凤凰的后代，并借助服饰将凤凰的图腾崇拜形象化、具体化。贵州畲族的祖源神话《人与雷斗》记载，当畲族始祖神将人、雷、龙、虎、蛇、蛙这几兄弟养大后，便把人间交给他们经营管理，自己则悄然离去。不承想这几兄弟为名利起了内讧，角逐到最后，龙、虎、蛇、蛙都藏起来认输了，只有人不屈服，想方设法与天上的雷二弟争斗。雷先是敲天鼓、震天雷，见吓不住人，又从天上往下泼水，还是淹不死人，于是便拨开云雾让太阳猛晒，把大地晒得田干土裂，四野焦黄，然后猛地一记焦雷打到地上，火光弥漫，烈焰翻腾。人无处藏身，又忙着与雷斗，无法分身去救火中的一双儿女了。人正绝望之时，头顶忽然传来了一声清脆的凤鸣，但见被火烧得赤红的天空中，一只美丽的凤凰悄然现身，羽翅一展，扑入火海，托出两个小孩……畲族人民感念凤凰的救命之恩，视凤凰为图腾崇拜至今。凤凰纹成为畲族服饰用品上的主要表现题材和审美特征，在衣服、床单、背儿带、包被等上面都可以看到凤凰纹，这是畲族鸟图腾崇拜的历史延续，也承袭了中华民族文化中凤凰蕴含的祥瑞、美满、幸福的寓意。

　　背儿带上独特的枫香印染技艺，主要集中在贵州省麻江县和惠水县，该技艺于2008年被列入第二批国家级非物质文化遗产代表性项目名录。畲族枫香染技艺的工艺流程是先在老枫香树脂中加入适量牛油，用文火煎熬后过滤形成枫香油，然后用竹片或蜡刀蘸上即时溶化的枫香油，在自织的白布上描绘图案，再用蓝靛浸染，沸水脱去油脂，清水漂洗，晒干，碾平。使用该工艺制作出的图案为白底蓝花，没有蜡的裂纹，从而更显得精致清晰。

　　生活在麻江的畲族同胞与周围的瑶族同胞一样有枫香染技艺。

畲族妇女能工巧织，精于枫香染。清康熙年间《贵州通志》记载："东苗……男髻，着短衣，色尚且兰（蓝），首以花布条束发。妇着花裳，无袖，唯遮复前后。"畲族枫香染常用于服饰，尤其是女子服饰。畲族女子身着枫香染花衣，头上戴枫香染花头帕，腿上包枫香染花裹腿。麻江有一处叫作"瓮榜朗"的地方，见证了畲族人拥有该项技艺的历史：麻江隆昌去往凯里方向有一方水塘，是当地畲族妇女染靛漂洗的所在。她们将事先用枫香油画好图案的白布放入蓝靛浸染，染布后拿到水塘里清洗，一般要经过三道染洗。由于洗布的人多，蓝靛把一塘清水变成蓝水，故称"瓮榜朗"（"瓮"畲族语言意为"水"，"榜"即为"塘"，"朗"即"蓝"之意。"瓮榜朗"即"蓝水塘"），隆昌古地名因此而得名。时至今日，周边各族同胞仍习惯沿称"瓮榜朗"一名。收藏于贵州省民族博物馆的这件麻江畲族枫香染背儿带为贵州麻江地区畲族所使用。背儿带呈T形，为土布制作而成。背儿带由背扇心、背扇脚（背扇尾）、背扇手三部分组成。背扇心、背扇手上装饰着精美的破线绣花纹，背扇尾则是整幅清新雅致的枫香染。该背儿带做工讲究、装饰丰富，是畲族妇女背负幼儿参加劳动或节日庆典时的用品。

如今，随着时代的发展，畲族古老的枫香染技艺接近绝迹，只因有服饰、背儿带传女儿做嫁妆的习俗，才保存了少量枫香染服饰、枫香染背儿带。这件麻江畲族枫香染背儿带珍品，不仅再现了当地畲族、瑶族等在手工技艺上的相互影响，也是生活在这片土地上的各民族依托"三月三"的集会活动，追溯历史、传承文化、凝聚精神的见证。

壮锦 寿字花纹

博物馆里的"三月三"

寿字花纹壮锦
长196厘米
宽136厘米
现收藏于广西民族博物馆

衣

五彩斑斓
炫酷"三月三"

壮锦,与云锦、蜀锦、宋锦一起并称为"中国四大名锦",是壮族文化的代表之一,是中华民族的艺术瑰宝。

收藏于广西民族博物馆的这件壮锦由3幅壮锦拼缝而成,每幅壮锦宽约45厘米,以褐色棉纱为经,各色丝绒为纬,在竹笼机上以通经断纬技艺织造而成。锦面以勾连回纹、小回纹、圆点纹等组合而成的大菱形为骨架,内嵌寿字图案纹样。寿字在这里有两种艺术呈现:一是明黄色丝绒的上下左右皆对称的四方式变体寿字,寿字外围饰有圆点云纹、六瓣花纹和八角几何芒纹;二是红色丝绒的上下对称的竖长形变体寿字,寿字外套粉色长框,四周饰有对称几何花叶。锦面上下两端织有二方连续或四方连续的"卍"字形、锯齿形、菱形、条状等纹样装饰。

汉代墓葬中出土的回纹锦残片,是与壮锦相关的最早考古实物,可谓壮锦的前身。唐宋时期,壮锦艺术逐渐趋于成熟。明清时期,壮锦为贡品,得到空前繁荣发展,织造技艺达到前所未有的水平,图案纹样通过大量吸收汉族吉祥纹样创造出具有地域性和民族性的特色纹样,进入中国名锦的行列。

寿字纹是古代中国传统纹饰之一,属于文字纹的一种,寓意"福寿绵长、寿与天齐、有福有寿、福寿安康"。寿字历经几千年的演变,在汉文化中拥有大量的艺术变体,是汉字中抽象的点、线、面构成的典范,常被用于瓷器、玉器以及布帛等,用以表达吉祥、康安之义。壮族民间有祭祀花婆的习俗,壮族人认为每个孩子都是花婆从其百花园中采下一朵花撒下人间的结果,白花男,红花女。蕴含着"花婆文化"的几何花叶纹,象征"光明、生长"的"卍"字纹样,与代表了汉文化的两种变体寿字,共同组成了规整、繁复和极具韵律美感的壮锦图案，表示对生命到来的祈盼，对健康长寿的祝愿，拥有多重美好文化内涵的寿字花纹壮锦自然也就成为壮汉文化艺术融合的最佳典范之一。

壮锦文化代代相传，已成为"三月三"活动中不可替代的文化元素。

在传统社会中，壮锦主要用于挂包、被面、背儿带心和衣缘处等，并在重要的场合被凸显和强调，如婚礼中的嫁妆、满月酒中的"外婆送背儿带"仪式。清代光绪《归顺直隶州志》记载："嫁奁，土锦被面决（绝）不可少……未笄之女即学织。"壮锦技艺是壮族女子自小接触、学习的，是母亲传给女儿生活技艺、经验的一个重要媒介。用壮锦做成的挂包，是壮族女子参加"三月三"歌圩时的必备物件，挂包里装的可能是传递爱情的绣球，也可能是给意中人做好的绣花鞋，甚至壮锦挂包本身就是壮族女子送给意中人的爱情见证物。用壮锦拼缝成的被面，是壮家女子出嫁时必不可少的嫁妆，是洞房里缱绻万千的见证。可想而知，纹样丰富的壮锦里织进了多少壮家女子对美好爱情的期待、对美好生活的向往。多情的壮锦，不仅融入壮家女子自己的嫁妆，还融进了当她成为祖母辈之时，送给外孙的背儿带里。在那一踩一梭一提花的过程中，织入的不仅是少女变成祖母的时光，还有女子的真情和对新生命健康成长的祝福。由蕴含了"福寿康安"的艺术寿字和"花婆文化"的几何花卉构成的寿字花纹壮锦，就是壮族女子在长期织造过程中不断结合本土文化和其他文化后的艺术生成。

随着社会的发展，壮锦作为日常生活用品的功能慢慢退却，作为地方文化和民族文化符号的功能不断得到增强。"壮族织锦技艺"被列入国家级非物质文化遗产代表性项目名录。特别是在每年"广西三月三·八桂嘉年华"活动中，壮锦常被应用于装饰和展示，成为节日活动的一部分，人们通过穿着壮锦服饰或展示壮锦作品来增添节日的氛围。壮锦文化元素通过不同形式得到创新应用，让人沉

衣

五彩斑斓
炫酷"三月三"

浸式感受"锦簇花团""盛世繁华"的节日盛况，广西各族人民和来自四方的宾朋共同在这样的氛围里载歌载舞，欢度"三月三"。伴随着各民族嘹亮悠扬的歌声，壮锦把广西人民的热情和美好传递到五湖四海，向世界展示一个充满活力、多姿多彩的壮美广西。

连南瑶族挑绣花挂袋

连南瑶族挑绣花挂袋
长35厘米
宽30.5厘米
现收藏于民族文化宫博物馆

衣

五彩斑斓
炫酷"三月三"

"三月三"这天,生活在广东省连南瑶族自治县各村各寨的男女老少共同庆祝"开耕节"。人们身着盛装,聚集在山坡上,尽情高歌抒发内心情感,憧憬美好生活。

"开耕节",又称"踏青节",是一年春耕的开始。连南当地会举行盛大的开耕仪式,当地群众也会盛装出行、鸣炮开耕,唱响劳动歌,敬奉土地神和祖先神灵,牵引家中耕牛来到田间,用犁头翻耘沃土,满怀期待地播下希望的稻种,奏响春耕的信号。开耕节当日早晨,在村寨德高望重的老人带领下,人们齐聚千年瑶寨盘王庙,吹响牛角,跳起长鼓舞。老人舞动铜刀,摇响铜铃,众人敲起铜锣,祭拜祖先,祈愿五谷丰登、风调雨顺。人们向四面八方播撒玉米、稻谷、黄粟等的种子,举行盛大的开耕祭祀仪式,向盘王祷告,许愿开耕顺遂。祭祀仪式完成后,人们为春耕的牛挂上红花,宣布立春开耕正式开始,各家各户搞好生产,看管好猪、牛等牲畜不让它们损坏庄稼,并封歌、封舞,待到"七月七"开唱节才解封。当明月升起时,身穿瑶族盛装的男女青年到梯田边、山坡上,对唱情歌。若是女子有意,便会给男子留下手绢、绣花挂袋等信物,视为定情。

连南瑶族称挂袋为"种袋"或"龙种袋",为了美观,妇女们在袋上绣花,也称"绣花袋"。在绣品的配色上,所用五色通常是黑、红、蓝、黄、白。挑花则多以鲜艳的大红或深红丝线作为主色调,辅以黄、白、蓝等色线勾勒边缘,与主体黑色形成鲜明对比。民族文化宫博物馆所藏的这件连南瑶族挑绣花挂袋,其主体面料为深沉的黑色,庄重而沉稳。

在挂袋之上,绣制着生动传神的龙形图案。龙,是我国各族人民共享的文化符号，象征着尊贵与吉祥，瑶族人民将其绣于挂袋之上，既是对传统文化的传承，也是对美好生活的祈愿。与龙形图案相映成趣的，是挂袋上的鸡冠花图案。鸡冠花以其独特的形态和鲜艳的色彩，为挂袋增添了一抹亮色。在中国传统文化中，鸡冠花寓意着吉祥如意。此外，瑶族人民的生活环境与大自然紧密相连，因此他们的刺绣艺术常从日常生产生活熟悉的自然景色中汲取灵感。这件挂袋上，就绣有茂密的树林及各式各样的花草图案，构成了一幅和谐共生的自然画卷。挂袋的边缘，缀有红、黄两色的布穗。这两种色彩的加入，不仅丰富了挂袋的整体色彩，更增添了浓厚的民族特色与节日氛围。在瑶族传统的"三月三"节日期间，这样的挑绣花挂袋往往成为节日庆典中的亮点，它不仅是装饰，更是瑶族人民表达欢乐、传递祝福的媒介。

中华民族很早就开始植桑养蚕，缫丝织绢，刺绣技艺也随之产生并逐渐发展。《尚书》记载，4000多年前的章服制度中已有刺绣装饰的规定，周代更有"绣缋共职"的记载。瑶族的刺绣工艺则可以追溯至汉代。《后汉书》中写道，"槃瓠死后，因自相夫妻。织绩木皮，染以草实，好五色衣服，制裁皆有尾形……衣裳班兰"，而后的史籍文献也称，瑶族人民是"衣斑烂布"和"斑衣花裙"，说明瑶族的服饰鲜艳美观。但是瑶族服饰并非直接使用花布制成，而是在黑色、深蓝或青蓝布料上，于衣领、胸襟、袖口、底边、裤口及围裙边缘等处镶嵌花边花带，腰部和头部缠绕大型花带。这些花边花带正是瑶族妇女精心绣制出来的，具有独特的民族风格。

挑花刺绣作为瑶族刺绣的主要技法之一，历经世代传承与发展，形成了独具特色的艺术风格。瑶族挑绣花挂袋不仅是瑶族文化的重要组成部分，更是中华民族传统文化中的瑰宝。

167　衣

五彩斑斓
炫酷"三月三"

水族坠须"龙凤戏珠"银胸饰

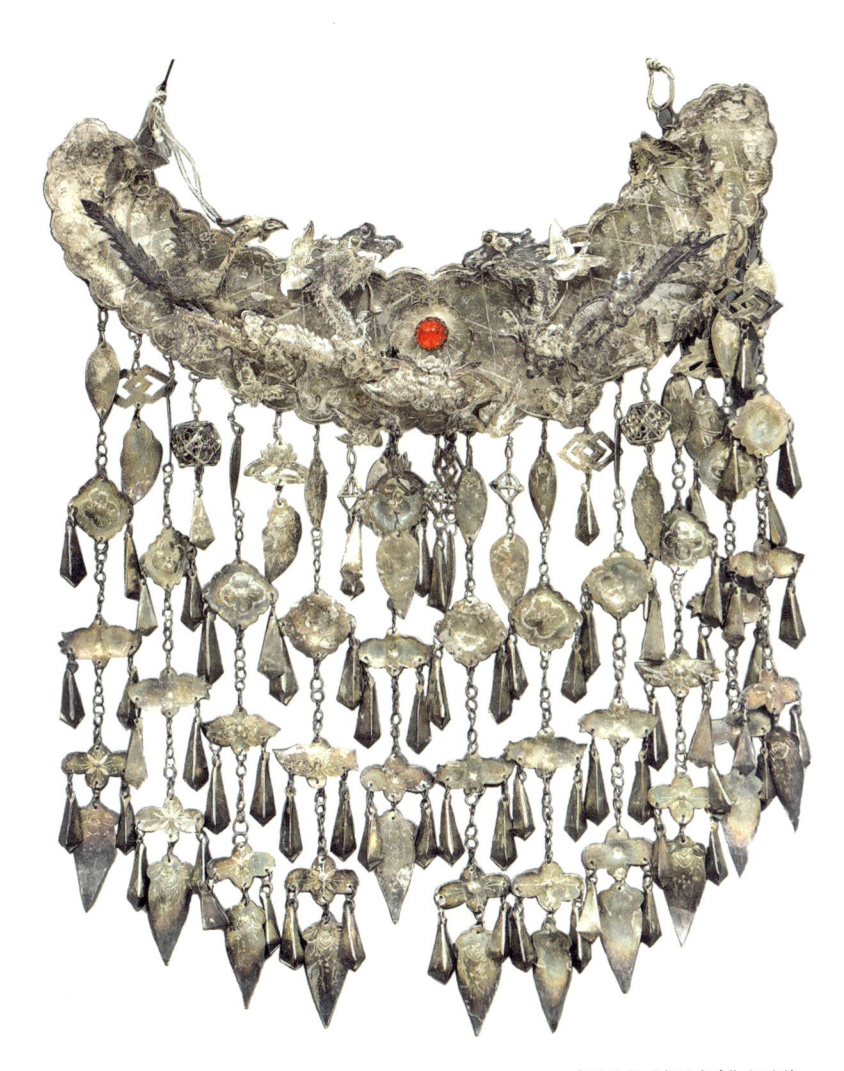

水族坠须"龙凤戏珠"银胸饰
长22厘米
宽23厘米
重量195克
现收藏于民族文化宫博物馆

位于贵州三都水族自治县的水族群众在每年"三月三"庆祝"祭龙节"，在这一天各村寨的乡民要到龙王庙或固定的地点杀猪或杀羊，举行村寨集体祭祀，并请一位德高望重的长者祷告、念诵祭词，祈祷风调雨顺、无灾无难、五谷丰登、六畜兴旺。祭祀结束后，接连三天，男女青年互相邀约走村串寨、跳舞、对歌，中老年人则利用这个时间走亲访友。节庆期间，村民们喜跳铜鼓舞和芦笙舞，做五色糯米饭宴客，并喜饮白酒、甜酒，同时也有对歌的习俗。

这件藏于民族文化宫博物馆的水族坠须"龙凤戏珠"银胸饰征集于贵州省三都水族自治县。银胸饰，俗称"银压领"，是一种水族特有的银制胸饰，是水族女子在盛大节庆时佩戴的银饰品之一。这件银胸饰为半月形双层银牌，整体由银牌和坠饰两部分组成，银牌正面錾刻菱格梅花纹，底平滑，两侧对称叠嵌双龙戏珠和双凤和鸣的立体银件，中央处镶有红色彩珠，边缘嵌有蝴蝶、飞鸟、水波形的银制颤件。下方坠须片饰以环扣层层相连，锤制的银质薄片逐片精细刻花。紧接银牌处连坠莲花纹和方胜纹的刻花银片，并有大小银制镂空花球交叠穿插，且两对正居中间的飞鸟颤片喙中同样衔有莲花纹和方胜纹的刻花银片，非常纤巧。坠链整体以树叶形银片为主，银叶坠链中有石榴纹、桃纹、四叶纹、重瓣牡丹纹等刻花银片，并在这些对称图式的银片两侧各坠菱角响铃。银叶片如流水倾泻而下，展示出轻盈的形态，随着女性的姗姗步履，互相碰撞发出声响，具有十分夺目的装饰效果。银饰在水族节庆活动中扮演着不可或缺的角色，每逢"三月三"来临，我们便能见到很多银光流溢的盛装身影。

衣

五彩斑斓
炫酷"三月三"

水族崇尚青蓝，女子日常装束多传达稳重与质朴之感，平时着上衣下裤，只在"三月三"等重大节庆或出嫁之时穿裙装，佩戴银饰。水族银饰造型独特，呈下垂状，含蓄、内秀的风格与服装的风格一脉相承。水族唯独注重胸间银饰，银压领便是水族最有特色、最能体现水族繁复精湛的制银工艺并传达水族自然崇拜之文化蕴意的代表性银饰。

银压领造型中数树叶最为常见，因为在水族人的观念中，古树是有灵魂的，对于岩石、古树等生产生活中取之用之的自然资源，水族人一直保持感激与敬意。又如同三都水族素有"像凤凰羽毛一样美丽"之称，所以凤形象成为无可替代的水族意象出现在水族的银饰和其他手工艺品中。

水族民间崇拜龙王，认为龙王掌管着水的丰歉和鱼群的游动，他们以水为生，与鱼共舞，创造出独具特色的生活方式和文化传统，水族的"三月三"和"龙凤戏珠"银压领，代表了水族对龙形象和自然力量的信仰。《史记·吴太伯世家》中记载：古越人"常在水中，故断其发，文其身，以象龙子，故不见伤害"。水族为古越人之后，龙在其心中即为祖先，视为尊贵。水族民众通过举行盛大的"三月三"祭龙节庆祝活动，以祈求风调雨顺、鱼虾丰收。他们的故事、信仰、艺术和日常生活，都与水息息相关，形成了一幅生动的水族生活画卷。在中华传统文化中，龙是一种能兴风雨、善变化的灵兽，水族对龙的崇拜可从历史渊源与民俗习惯中得以窥见。

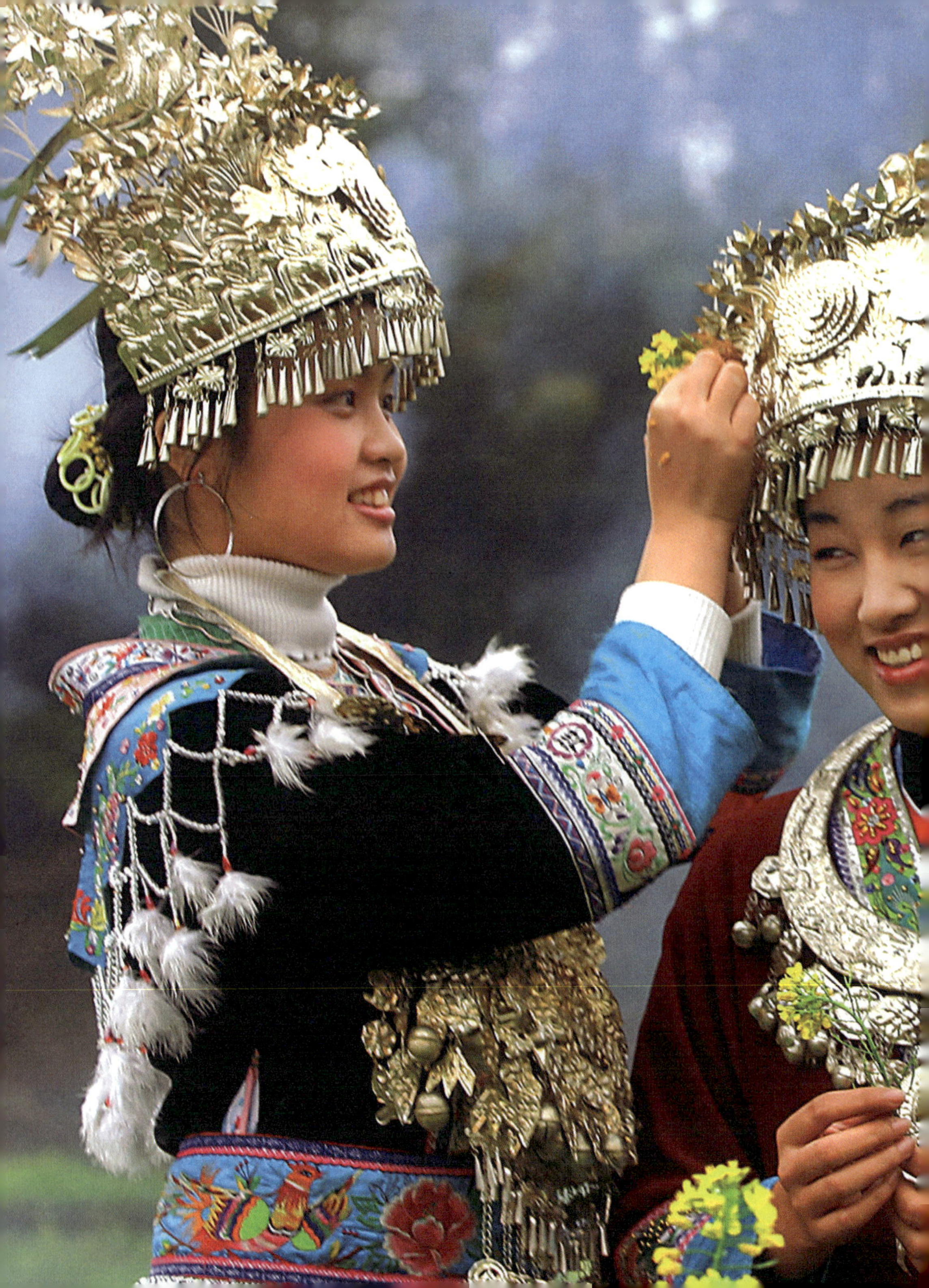

21世纪初,广西融水苗族自治县苗族姑娘佩戴银饰
梁汉昌 摄

Artifact 器

博物馆里的"三月三"

器

传世食器迎宴"三月三"

节日期间,美味佳肴不仅是味觉的享受,更是文化传承的重要载体。在古代上巳节,吃彩蛋是一项重要的习俗。人们会把蛋煮熟后染上颜色,放入河中顺流而下,下游的人捡到彩蛋后食用,寓意着婚姻美满、早生贵子。彩蛋也象征着意外之喜或意外之财,寓意着人们对美好生活的向往与期盼。春回大地,万物复苏,"三月三"唤醒了人们新一年舌尖上的味蕾。"三月三"的饮食器物与古代祓禊求子的传统紧密相连。比如在节日中,巴马瑶族女子会以"网兜彩蛋"作为盛装的配饰之一。蛋卵在传统文化中是生命力的象征,寓意着圆满与新生。在"三月三"期间,喝酒饮茶是必不可少的欢聚习俗。广西东北地区各族同胞便以打油茶活动庆祝"三月三"。打油茶是晋唐时期中原盛行的吃茶风尚的延续,流传至今的打油茶工具就展现了这一古老的制茶方式。海南椰雕曾被誉为"天南贡品",以包锡椰雕茶具待客是海南"三月三"餐桌上最高规格的礼仪。侗族绘彩画弯形牛角酒杯是侗族人民"三月三"把酒欢庆的器具,也是先秦时期以觥觫饮酒的传承。彝族木制彩色漆器咂酒坛是彝族人民在"三月三"等活动中饮用咂酒时的器具。酒坛上有八根吸管,可供八人围坐同饮,其乐融融。在南方很多民族中,五色糯米饭,又称花米饭,是"三月三"期间的传统小吃,制作时以木甑蒸煮,盛放在葫芦瓜饭钵中,不仅色彩艳丽,更寓意着五谷丰登、吉祥如意。让我们透过这些传世食器,感受舌尖上的节日盛宴,品味"三月三"的发展变迁和文化内涵,感知中华民族的血脉与生趣。

博物馆里的"三月三" 174

侗族绘彩画弯形牛角酒杯

侗族绘彩画弯形牛角酒杯
口径10.5厘米
身长43厘米
身宽6.4厘米
现收藏于民族文化宫博物馆

器

传世食器
迎宴"三月三"

牛角杯，顾名思义，就是用牛角制作而成的酒杯，是侗、苗、水、彝、布依等民族珍贵的饮酒器具。它一般只用于节日活动、迎宾庆典、丧嫁仪式中，日常生活中较少使用。制作牛角杯时，取牛角，内作清洁处理，外作雕花、彩绘、镶嵌，使之集实用价值和艺术价值于一体。

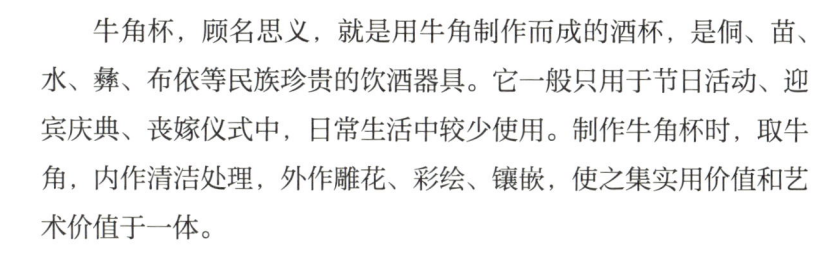

民族文化宫博物馆收藏的这只牛角酒杯，表面彩绘，弯曲有度，美观实用。它来自贵州省黔东南苗族侗族自治州从江县。每逢侗族盛大节日"三月三"，这里就热闹非凡。"三月三"节庆从农历三月初一开始，三月初五结束，共五天。第一天，各家主妇为子女及丈夫准备新装，并备迎客酒菜。第二天，姑娘将半笆篓鲤鱼和虾米送给情郎，称送笆篓；男青年收到，要与同伴在山坡上烧火做菜，共进野餐。第三天，姑娘提篮采园中葱蒜苗后，来到小伙子结队等候的山坡，将篮子送给最钟爱的小伙子，并约定时日还篮子，表示初步定情。三月初三，中午，邻寨亲友来做客，集体欢宴；晚上，男女在屋内隔壁对歌。初四，芦笙塘再次举行舞会。初五下午，举行盛大的送客仪式。欢宴之时，一只只雕饰精美的牛角酒杯所盛装的不仅是美酒，更是侗族人待客的一片热情。

我国民间使用牛角杯的历史久远。《诗经·豳风·七月》是一首反映先秦社会现实和人民劳动生活状况的民歌，其中有这样的记述："朋酒斯飨，曰杀羔羊。跻彼公堂，称彼兕觥，万寿无疆。"兕觥即为牛角酒具。《诗经·周南·卷耳》也有使用牛角杯的记述："我姑酌彼兕觥，维以不永伤。"这说明早在西周时期我国西部地区先民就已使用牛角杯。牛角杯只是中国古代原始酒器之一，古代先民善于就地取材，狩猎回来的兽角，往往都会做成喝酒的杯子，角与酒器

之间，被古人画上了等号。如《礼记·礼器》记载："宗庙之祭……尊者举觯，卑者举角。"此外，不少古代酒器都以"角"为偏旁，如觥、觯、觚、觞等，可见角作为酒器使用范围之广、历史之久远。自商周以后，牛角杯沿袭传用，晋人庾阐在他的《断酒戒》中写道："吾固以穷智之害性，任欲之丧真也，于是椎金罍，碎玉碗，破兕觥，捐觚瓒。"这从一个角度证明晋代牛角杯仍然沿用。贵州使用牛角杯的有关情况，在《平越直隶州志》《黔西州声》《黔记》《黔书》等地方志书中均有记载，大都记述了清代各民族把牛角杯用于集社、迎宾等礼俗活动的情况，"以挽贮酒，执牛角遍饮"之风，直传于今。在贵州历年考古发掘中，牛角酒器颇为常见，如清代毕节彝族牛角酒具、清代赫章苗族雕龙头牛角酒杯以及 1920 年出土的水城苗族牛角酒杯等。

侗族人对牛角杯的喜爱与其悠久的牛文化密不可分。水牛是农耕最重要的工具，也是侗族先民信仰的图腾，侗族先民认为牛可以使人丁兴旺、五谷丰登。侗族人认为，牛具有神性，能够预知未来。他们要选址建造房舍时，便将牛放出，让它自由行走，自己尾随其后，见牛在何处闲卧休息，便在何处修房造屋。法师们往往用牛角来制作法器，在行法事时吹奏牛角号。这一习俗不仅在侗族流行，也在土家族等民族中长期流行。基于牛的重要地位，侗族人每年都要在农历六月初六过祭牛节。这一天要让牛休息，在牛栏旁供奉鸡、鸭、鱼等，寄望牛神保佑耕牛，使之健康。和壮族、瑶族一样，侗族有舞春牛的习俗。侗族人用竹篾编制春牛，由男青年送至各家，后随农夫、农妇，口唱："春牛来得早，今年阳春好。""春牛登门，五谷丰登。""春牛游春，风调雨顺。""三月三"正值阳春，是春牛到来、耕牛遍地的时节，端起牛角杯，仿佛就是在与牛进行沟通，传递质朴的心愿。

177 器

传世食器
迎宴"三月三"

湘西苗族
玛瑙酒杯

湘西苗族玛瑙酒杯
口沿直径5厘米
高4.8厘米
现收藏于民族文化宫博物馆

樱桃开花淡淡红，

油菜开花黄绒绒；

阿哥阿妹我们俩，

凉水泡茶慢慢浓……

在湘西"三月三"的苗族歌会上，青年男女们正在唱着这饱含浪漫深情，又充盈淳朴山野气息的情歌。但想来领略这份浪漫，聆听这美妙的情歌的客人们，恐怕要先通过"拦门酒"的考验。

苗族人民每逢重大节日活动，不论"三月三"还是"四月八"，红白喜事都离不开酒。苗族婴儿坠地，满三朝时有"三朝酒"。女子出嫁前一天要喝"戴花酒"，出嫁时有"拦门礼"，以酒相敬；至婆家，夫妻要喝"合心酒"，同时男方家办"拜堂酒"款待亲朋。高寿的长者逝世，苗族有吃"抬丧酒"的习俗。招待客人有"拦门酒""进门酒"，宴饮时，大家同时一口干掉一杯酒后，主人依次敬酒，接着客人回敬。兴致高涨时，主客双方喝"扯扯酒"，即双方右手执杯，将自己的酒杯递到对方嘴边，对方则左手扶住递过来的杯，两人同时一饮而尽。散席前，要喝"团圆酒"，即大家站立，各自用右手端起酒杯，递给右边的人，右边的人用左手扶住递过来的酒杯，以酒杯联成一个大圆圈。在一阵欢呼声中，由年长者先喝干左边客人递来的酒，然后大家依次饮干。这种团圆交杯的方式，象征团结和睦，也使酒宴欢快热烈的气氛达到顶点。

湘西人的生活离不开酒，无论你走进湘西的苗族还是土家族的村寨，都能闻到那阵阵酒香，可以说酒文化在湘西各民族之间得到了充分的交流和交融。

器

传世食器
迎宴"三月三"

民族文化宫博物馆收藏着一套20世纪50年代征集于湘西土家族苗族自治州的酒杯。这套酒杯共九只，采用碧玉色玛瑙雕刻而成，侈口、斜直腹、圆饼形高足，酒杯造型小巧秀美。杯壁分别饰有双龙戏珠、凤凰牡丹和花鸟三种图案，每种图案各有三只酒杯，图案古朴大方，灵动自然，正是湘西酒文化的实物见证。

有歌，有酒，也有情。在湘西"三月三"的节庆活动中，青年男女的恋爱传情也是重要内容之一。土家族的"三月三"又称土家族女儿节。这一天，土家族的青年男女会穿戴一新，从四面八方云集而来，以山歌为媒，以踩脚定亲。踩脚定亲是指土家族男子在集会上看到心仪的姑娘时，会悄悄靠近并偷偷踩一下姑娘的脚，如果姑娘觉得和对方情投意合，就会默不作声地回以微笑，这样双方就可以一起离开集会，寻一幽静处用对歌来交流。如果姑娘无意，便会故意喊一句"谁踩我脚了？"来拒绝，男子也会识趣离开。"三月三"，土家族群众还要吃蒿子粑粑。土家族有歌谣道："三月三，蛇出山；做蒿粑，扎蛇眼。"人们在吃粑粑的时候还要喝"苞谷烧"，唱敬酒歌，一家人你劝我邀，十分热闹。

苗族的"三月三"，又是苗族的"情人节"。传说某年农历二月下旬，青年男子得戈在山坡地里挖野葱时，与邻村女子得雅相遇，于是二人边挖野葱，边唱苗歌传情。他们还相约在农历三月初三再次挖葱相会……后来，周边十里八村的青年男女纷纷仿效，到了农历三月初三这天，以挖野葱为名汇集在一起，对歌传情，表达爱意，之后渐成习俗。

"三月三"，除了是苗族民间祭祀祖先和男女恋爱狂欢的节日，也是庆祝各族各村寨团结的日子。传说在古时，湘西泸溪、古丈、吉首苗寨交界处有一片茂密的森林，里面的土地黝黑而肥沃。为了争夺土地，各村寨械斗不止。后来某年的农历三月初三，各地头领达成协议，并在有争议的地方谈判和解，立碑划界。自此，在每年农历三月初三时，泸溪、古丈、吉首三地民众共聚泸溪芭蕉坪，以山歌表达团结。芭蕉坪还流传着这样一首家喻户晓的山歌："桃红李白一园栽，土家苗汉同心怀，冬瓜架上搭南瓜，自愿牵藤结拢来。"

湘西地区的各民族在长期交往交流交融的过程中，不仅形成了习俗相近的酒文化，还共享"三月三"的节庆文化，充分体现了各民族亲密友好的关系。

器

传世食器
迎宴"三月三"

彝族木制彩色漆器咂酒坛

彝族木制彩色漆器咂酒坛
坛高50厘米
坛口直径16厘米
底座直径29厘米
吸管长40.5厘米
现收藏于民族文化宫博物馆

富有创造力和想象力的纹样，是精神世界和审美情趣的表达。民族文化宫博物馆收藏的彝族木制彩色漆器唼酒坛，其底座为黑色，坛身通体红色，上面绘有黑黄相间的牛眼纹、花蕾纹和火镰纹。红、黑、黄这三种颜色对彝族人民来说具有特别的象征意义。"黑"象征黑土，表示庄重、肃穆、高贵、威严；"红"象征火，寓意勇敢、热情、活力；"黄"象征太阳，是万物生存之源，代表光明、美丽、幸福。当地漆器的纹样种类丰富，其样式灵感来源于自然环境和人们的日常生产生活，如山河日月、花草鸟兽以及纺织农耕等。这件唼酒坛的坛盖和坛身底部各绘有一圈连续的牛眼纹，牛在彝族文化中是勤劳和财富的象征。坛盖和坛腹上的花蕾纹同样来源于日常生活中，展现了彝族人民对自然万物的悉心观察、记录和对美好生活的向往。火被彝族先民视为圣物，可以取暖、御兽、煮熟食物，而火镰是取火的重要工具；传统的彝族人家家中都设有火塘，火塘是一家人生活起居的中心，是神圣不可亵渎的；彝族的传统节日——火把节来源于彝族人对火的崇拜。

唼酒是一种独具特色的传统佳酿，也称竿竿酒、竹管酒和坛坛酒，古称"打鬟"。"唼"即吸吮，"唼酒"即"用吸管饮用的酒"，饮用时借助竹管、芦苇秆等管状物把酒从容器中引入杯、碗中，或者直接吸入口中。唼酒的酿造工艺独特，通常选用玉米、青稞、小麦等粮食为原料，将经过浸泡、蒸煮的原料拌上酒曲不断搅拌，然后放入密封的酒瓮中发酵。饮用时，往酒坛加入冷开水，插入吸管吸吮。其颜色呈黄色，酒味中带着酸甜，酒精度适中。饮唼酒是一种古老的习俗，饮用时，人们将一根或数根细竹管插入盛满唼酒的酒坛中，围坐在一起轮流吸饮。这种独特的饮用方式，不仅增添了饮酒的乐趣，更体现了人们的热情好客、团结友爱。

唼酒坛可以是一坛一竿，也可以是一坛数竿。饮用时，若是一坛一竿，则讲究长幼有序；若是一坛多竿，则是围坐同饮，其乐融融。民族文化宫博物馆馆藏的这件唼酒坛属一坛八竿的木质酒坛，

器

传世食器
迎宴"三月三"

可同时供八个人围坐酒坛旁饮酒。

彝族的酒器极为考究，民间谚语"酒好无好杯，好酒难生辉"道出了彝族酒文化中对酒器的重视。酒器按器型可分为酒杯、酒碗、酒壶、酒坛等；按材质划分，多为木质、皮质和兽角制作而成。其中，咂酒坛是酿酒与饮酒并用的酒器，由酒坛和咂竿组成，材质多为陶制器皿和木质漆器。民族文化宫博物馆馆藏的这件咂酒坛产自贵州大方县，采用当地传统漆器工艺制作而成。

2008年，经国务院批准，"彝族漆器髹饰技艺"被列入第二批国家级非物质文化遗产代表性项目名录，其中以四川喜德县和贵州大方县两地的漆器最为有名。贵州省大方县彝族漆器髹饰技艺始于明朝，距今已有600多年的历史。大方县是明朝彝族女政治家奢香夫人的故里。明洪武年间，大方漆器形成了一套以皮胎漆器为主的漆器制作工艺，成为地方特色产品，摄理贵州宣慰使的奢香夫人开始把大方漆器制品进贡给朝廷。到了清代，大方漆器技艺发展更为精湛，道光年间的漆器制品与北京雕漆、山西云雕等齐名并载入史册，从而大放光彩、盛极一时。

如今，我国西南地区的彝、羌、白、苗、纳西、土家、壮等各族人民依然保留着咂酒习俗。尤其是在火把节、"三月三"、春节等传统佳节以及重要庆典上，咂酒都不可或缺。它是各民族文化传承的重要载体，承载着人们对天地自然的敬畏、对丰收的祈愿、对美好生活的向往，也是情感交流的纽带。在咂酒的过程中，邻里间的情谊得以加深，家族与村落的凝聚力得以巩固。

黎族包锡刻花椰雕茶具

黎族包锡刻花椰雕茶壶
通高11.5厘米
宽21.5厘米

包锡刻花椰雕茶碗
高5.3厘米
口径12.5厘米
底径4.9厘米
现收藏于民族文化宫博物馆

器

传世食器
迎宴"三月三"

民族文化宫博物馆馆藏的黎族包锡刻花椰雕茶具，一套两件，由茶壶和茶碗组成。茶壶以金属锡为内胎，外镶嵌椰壳，圆形腹，圈足，直口带盖，盖钮用锡制成瓜蒂状。茶碗内胎为锡，外包椰壳。茶壶腹部和茶碗外周身雕刻精美的团寿纹、回纹等传统纹样装饰，还刻有金彩"献给毛主席海南特产　海南黎族苗族自治区人民政府"字样。这套椰雕茶具造型古朴雅致，集观赏性与实用性于一体，是20世纪50年代初期海南黎族、苗族人民敬献给党和国家领导人的礼品。

"三月三"又称爱情节、谈爱日，黎语称"孚念孚"。每年农历三月初三，海南黎族都会身着节日盛装，挑着山篮米酒，带上竹筒香饭，从四面八方汇集一起，祭拜始祖，通宵对歌，悼念勤劳勇敢的祖先，表达对爱情幸福的向往。节日里的聚会宴饮成了节日的主角。青年男女以歌会友，以舞传情，年长者三五成群，聚饮叙旧。迎来送往，饮酒品茶，以包锡椰雕酒具、茶具迎宾待客为最高规格的礼仪。

海南产茶，五指山丛林中生长有大量的野生茶树。20世纪50年代，海南黎族聚居处发现了大量新石器时代文化遗址。海南黎族先民采摘野茶，日晒干燥，以茶代药，可清热解渴。优良品质原生态野生鹧鸪茶，其茶质醇厚，其味甘辛、香温并散发出浓郁的香气，千百年来，被历代文人墨客誉为茶品中的"灵芝草"。海南各地民众四季饮茶并用茶接待宾客。我国著名诗人、剧作家田汉当年登东山岭时曾写下"羊肥爱芝草，茶好伴名泉"的诗句。因此，就地取材，以椰壳做器具，喝茶待客，开怀畅饮，相谈甚欢，自然是"三月三"期间青年男女、乡亲父老聚到一起必不可少的活动。

海南岛盛产椰子，已有2000多年的种植历史，而椰雕则是以椰壳、椰木和椰棕为原料进行雕刻的一种传统技艺。椰壳雕最初只做成简单的酒杯、茶盅、文房用具和盒罐等器物，后逐渐发展，精雕细琢，成为海南久负盛名的特产。据研究，海南椰雕记载最早见于唐代。据清代李调元《粤东笔记》记载，唐代大臣李德裕贬居崖州（今海口市）时，曾将椰壳锯制成瓢、勺、碗、杯，作吃喝用具。宋代诗人黄庭坚为答谢友人所赠的椰雕茶具曾作诗《答许觉之惠桂花椰子茶盂二首》。由此可以看出，椰雕器具在北宋时期受到文人士大夫的欣赏。至明清两代，海南椰雕制作技艺日趋成熟，特别到清雍正时期，椰雕器物造型、纹饰雕刻技法已十分精湛，常被官吏作为珍品进贡朝廷。据记载，清宫多饮乳茶，用椰壳所做的乳茶碗做工精致、古朴轻巧，专供皇室御用，海南椰雕被称为"天南贡品"。综上所述，椰壳制成日用品至少有1100多年历史了。

锡是较早被人类利用的金属，可净化水质。古人喜欢用锡器温酒煮茶，因为它有"盛水水清甜，盛酒酒香醇，储茶味不变，插花花长久"的效果。唐代刘恂的《岭表录异》记载："有圆如卵者，即截开一头，砂石磨之，去其皴皮，其斓斑锦文，以白金涂之，以为水罐子，珍奇可爱。"此处的"白金"指金属"锡"，这是一种特殊的包锡工艺，包锡椰雕工艺一直流传至今。宋代《清波杂志》记载："凡茶宜锡，窃意若以锡为合，适用而不侈。"明朝的周高起认为："惟纯锡为五金之母，制铫能益水德。"锡具有取材方便，质地柔软，熔点低，延展性好，耐酸碱，储茶味不变的特点，因易锤锻，更便于制造成各种样式的器皿。金属锡和椰壳工艺的结合，让器物变得更加美观和耐用。

海南椰雕具有浓郁的地域特色和民族风格，向世人展示了海南人民用智慧创造出的丰富的物质文化，是中华民族传统艺术中弥足珍贵的文化遗产。近年来，海南"三月三"日益成为展示城市形象、传播海南各民族风情、推广优势文化品牌的重要载体。椰雕伴随着海南各民族共享的"三月三"特色文化，传承创新，发扬光大。

器

传世食器
迎宴"三月三"

广西
打油茶工具

侗族单柄釉陶油茶钵
高13厘米
径23厘米
流长6厘米
底径14.5厘米

侗族竹编油茶滤
长34厘米
径12厘米
现收藏于广西民族博物馆

中国是最早利用和栽培茶树的国家。在发现茶树的早期，人们先是把茶树上的叶子当作蔬菜嚼食。随着对茶叶的认识不断加深，人们对茶的利用由嚼食变为调煮。在唐代以前，将姜、茶叶等多种植物混煮的茶汤就已十分流行。唐代陆羽《茶经》中提到："或用葱、姜、枣、橘皮、茱萸、薄荷之等，煮之百沸，或扬令滑，或煮去沫。斯沟渠间弃水耳，而习俗不已。"

广西地区的饮茶习惯在唐代得到了大范围的发展。在桂东北地区的唐代墓葬中就出土了与当今煮茶工具形似的器物。

广西民族博物馆收藏有一套打油茶茶具，有油茶锅、油茶槌、油茶滤和油茶钵。油茶锅用生铁铸成，带嘴，形如瓢状，用于盛煮茶叶。油茶槌木制，形像"7"字，用于捶打茶叶。油茶滤用竹子编织而成，有手柄，类似大勺子，前兜缝隙大，打油茶时用于过滤茶叶渣。油茶钵宽口，圆腹，渐收敛，平底，陶质有釉，单柄有流，盖子覆三分之一，圆弧状，打油茶时用于盛放油茶汤。

油茶是三江、龙胜、全州、灌阳、恭城等地侗族、瑶族、壮族、苗族和汉族等群众喜爱的日常饮食。各地油茶在用料及制作上虽有所差别，但大同小异。

制作油茶时，先用少许开水将茶叶浸泡5—10分钟，以减少烟火味及苦涩味，然后在油茶锅内放少许猪油烧热，放入姜、蒜及泡好的茶叶稍炒，而后用油茶槌反复捶打，捶好后加水烧开并熬至出味，放入精盐调味，最后用油茶滤把茶水滤入钵中即可。制好的油茶色泽金黄、茶味浓郁、咸淡适中，食用时可只饮油茶汤，也可用热油茶汤泡饭，或者根据个人喜好选放葱花、香菜及各种油炸和炒香的食品如炒米、炒黄豆、炒花生米、麻蛋果等。经反复捶打制作出的油茶，由于加入了有祛寒湿作用的姜，经常饮用油茶能提神醒脑、祛湿等。这种饮茶方式与陆羽在《茶经》中的描述非常相似，常被视为古老饮茶方式的遗存，至今仍兴盛于桂东北地区。

器

传世食器
迎宴"三月三"

每年农历三月初三前后，茶树经过绵绵春雨的滋润，生机盎然，此时摘采的茶叶色泽翠绿，叶质柔软，富含多种维生素和氨基酸，香气宜人，品质最佳。在农历三月初三这天，桂东北地区的民众也会用一碗香气四溢的油茶庆祝节日、招待客人。各民族同胞一起围坐在火塘前、茶桌旁，共叙情谊。通过油茶待客、油茶礼赠，主家将友好、尊重、喜爱凝聚在油茶里。一碗油茶快速拉近人与人之间的距离，油茶文化逐渐发展成为多民族共享文化。各族人民在欢快的"三月三"打油茶体验中不断增进民族情感。

瑶族铁油茶锅
口径20厘米
流长7.5厘米
柄长9厘米

瑶族木制油茶槌
长34厘米
宽13厘米
现收藏于广西民族博物馆

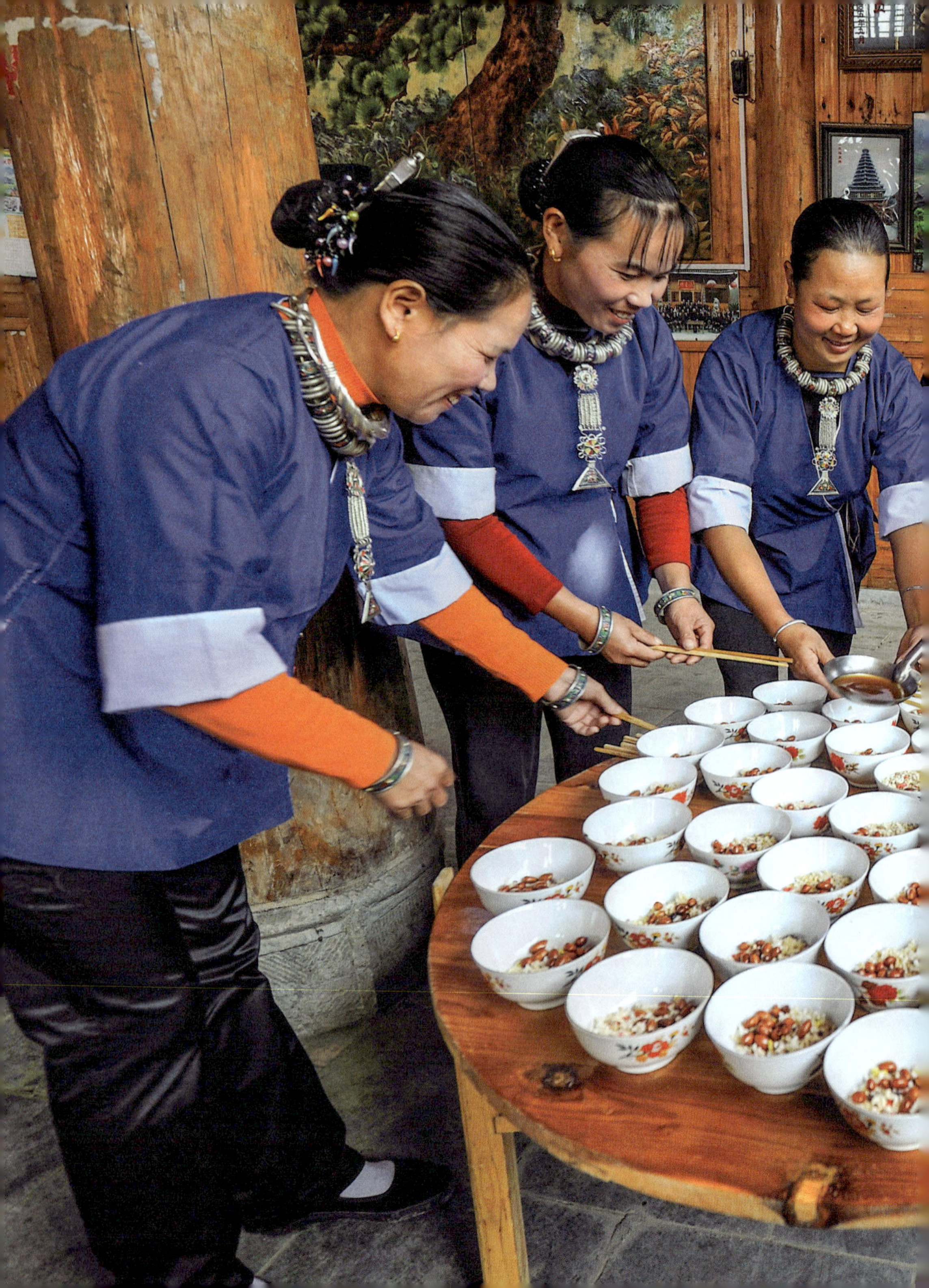

广西三江侗族自治县民众在打油茶
胡锦朝 摄

侗族木甑和瓜皮饭钵

侗族木甑
口径33厘米
高42厘米

侗族瓜皮饭钵
高26.2厘米
宽15厘米
现收藏于广西民族博物馆

器

传世食器
迎宴"三月三"

侗族木甑和侗族瓜皮饭钵是广西民众制作"三月三"五色糯米饭的器具。木甑的甑身柱状,上大下小,使用时由于经常在水里蒸煮,再加上空气冷热变化,甑身易松动,所以人们用竹条和铁丝将其缠绕箍紧。甑底为一块可透气的木板,放置在甑身离底部约四分之一的位置,以防米饭浸泡在水里。甑盖木制。瓜皮饭钵由提梁竹篮和葫芦瓜身组成,葫芦瓜身置于提梁竹篮内,既能防止葫芦瓜身碎裂,又方便提拿。

每年农历三月初三,广西各族人民普遍制作五色糯米饭。五色糯米饭又称花米饭、五色饭、乌饭、青粳饭,因糯米饭呈黑、红、黄、白、紫、蓝、绿等不同色彩而得名。五色糯米饭以优质糯米为原料,并以植物提取液为染料。各民族的糯米饭颜色和采用的原料因地方而异,染制工艺也稍有区别。制作黑色米饭的染料主要为枫香叶、南烛叶。制作黄色米饭的染料主要为密蒙花、黄栀子、黄姜。制作红色米饭的染料主要为红蓝草、苏木。制作紫色米饭的染料主要为红蓝草、苋、紫蕃藤、紫罗兰。绿色染料中,壮族多用艾叶汁,而布依族多用苎麻叶汁。蓝色染液是将新制备的糯稻秆灰与紫蓝草混合捣碎,加清水煮,过滤而得。提取不同颜色的液汁出来后,分别把不等量的糯米放入其中浸泡,等其上色后沥干,再按传统蒸食法用木甑蒸约一小时,便可蒸出黑、黄、红、紫、绿、蓝等不同种颜色的糯米饭。用天然植物染成的五色糯米饭,看起来色泽鲜艳、五彩缤纷,吃起来软糯香甜,令人回味无穷。

五色糯米饭不仅色香味俱全,其制作所用的染料植物还具有一定的医药保健功效。如染黑米饭的枫叶具有消暑祛风湿作用,染红米饭的红蓝草有生血作用,染紫米饭的紫罗兰具有消暑消炎作用,染黄米饭的密蒙花、黄栀子有清热凉血作用。清代《侣山堂类辩》说青粳饭，人食之能"坚筋骨、益肠胃、能行、补髓"。

五色糯米饭是壮族、布依族、苗族、侗族等民族的传统风味小吃。每到农历三月初三，广西各地都会举办各种庆祝活动，比如唱山歌、抢花炮、抛绣球等。节日当天，青年男女身穿节日盛装，提着用瓜皮饭钵装着的五色糯米饭、猪肉、酒、花生米、饼糖等食物来到活动点，大家三三两两围坐一起，在欢乐的人海中边食边谈，同抒依依浓情。在民族往来中，人们还以五色糯米饭作为礼品相互馈赠。五色糯米饭是迎宾待客的美味佳肴，也是民族交流中的文化使者，备受欢迎。

五色糯米饭还是"三月三"的重要祭祀供品。聚居在桂西、桂南、桂北一带的壮、侗、苗、布依、仫佬等民族都有在"三月三"祭扫祖先的习俗。在祭祀活动中，五色糯米饭是必不可少的祭品。五色糯米饭所表达的象征含义既是对先人的缅怀，也是对未来美好生活的祈盼。

如今，"三月三"蒸制五色糯米饭已经成为广西很多民族的传统。有人用五色糯米饭来表达爱情，希望爱情永不褪色；有人用五色糯米饭来企盼生活，希望万事顺意、多姿多彩。色彩斑斓的五色糯米饭，寄托着各族人民对美好生活的向往，也象征着各族人民像黏黏的糯米饭一样团结一心，共同建设中华民族大家庭！

摆盘出丰收图案的
五色糯米饭
梁汉昌　摄

器

传世食器
迎宴"三月三"

蒸煮五色糯米饭
梁汉昌 摄

广西三江侗族自治县的百家宴
龚普康 摄

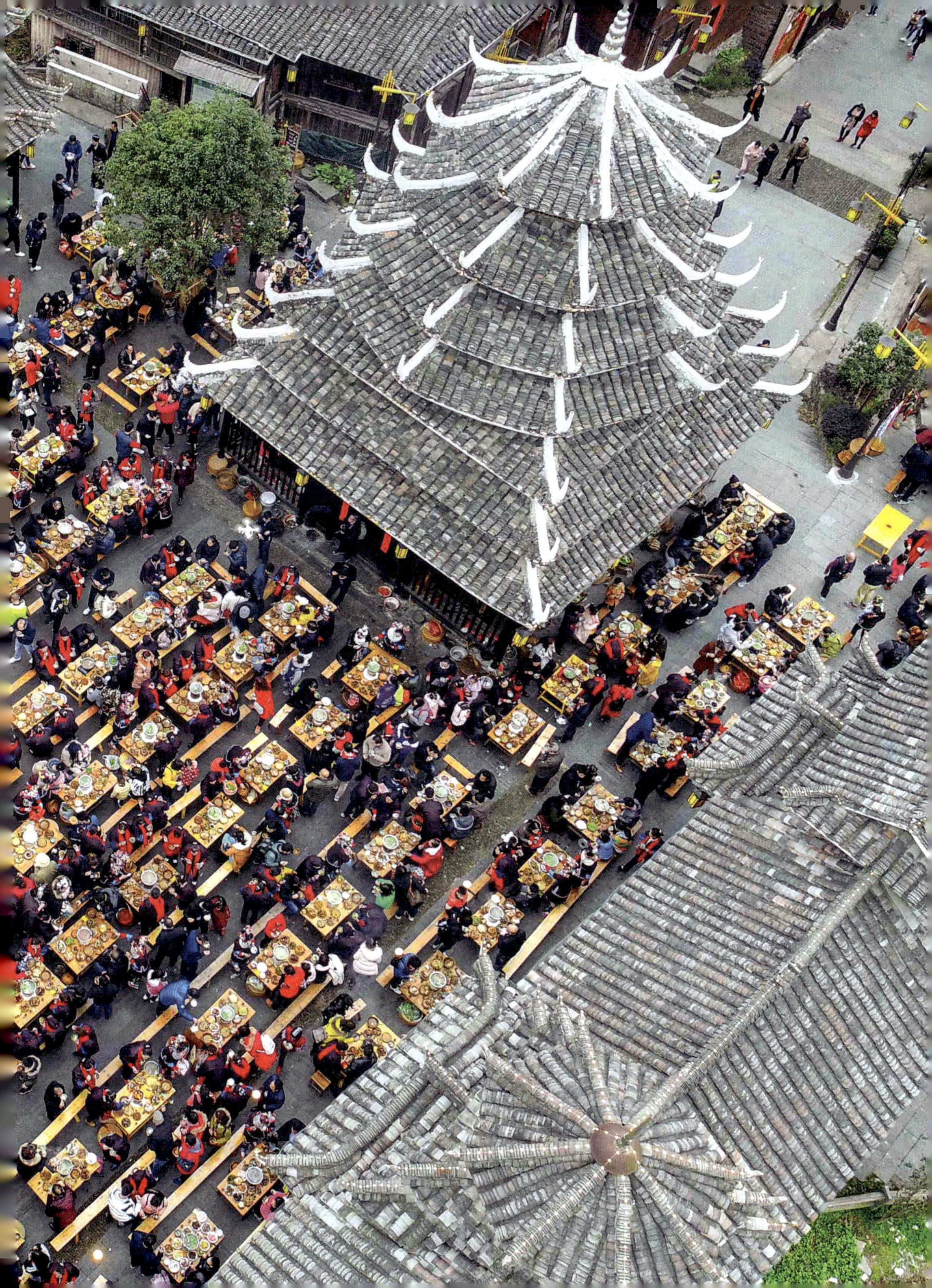

博物馆里的"三月三"

198

打糍粑木杵臼

打糍粑木杵臼
臼长64厘米
宽36.5厘米
底板长75厘米
宽28厘米
木杵长72厘米
宽6厘米
现收藏于广西民族博物馆

器

传世食器
迎宴"三月三"

广西民族博物馆馆藏的打糍粑木杵臼是广西的壮族民众在"三月三"活动中常用的器具。该木臼是由一段独木挖制而成的,上半部呈半椭圆形,底部为方形木块,结实厚重。木杵两头较粗中间细,便于手握。

杵臼是我国古老的粮食加工工具,属于击打式的农业器械。据文献记载,杵臼肇始于原始社会晚期的黄帝时代。《易经·系辞下》记载:"神农氏没,黄帝、尧、舜氏作……断木为杵,掘地为臼,臼杵之利,万民以济。"我国著名的农业考古专家陈文华先生认为:"最早的杵是一根粗木棍,最早的臼就是在地上挖个圆形的坑……铺上兽皮或麻布,倒进谷物用木棍舂打。"随着生产力的发展,臼不再是在地上挖的土坑,生活中出现了木臼、石臼、陶瓷臼、金属臼等各种不同质地的杵臼。我国很多地方都发掘出不少有关杵臼的史料。广西南宁豹子头遗址和桂林甑皮岩两个遗址出土过石杵,距今10000—9000年。

人们使用杵臼时,只需将谷物置于臼中,然后手握杵柄,利用臂力垂直上下提放,置杵头于臼槽内,便可实现对谷物的加工。杵臼的操作简单,使用灵便,一经发明,便广泛应用于中华大地。

在"三月三"这个富有民族特色的节日里,广西壮族同胞喜欢打糍粑。人们先将糯米洗净并浸泡一夜后沥干,用甑子蒸熟,然后将热气腾腾的糯米饭倒在石臼里舂打。舂打糍粑需双人配合,两人站至石臼两端,用杵对石臼内的糯米进行点打,舂成泥状,然后进行对打、拖打,即两人相互配合向各自的斜前下方一上一下对舂,一人提杵时,另一人就要及时下杵,帮对方舂断糯米的黏性。舂打糍粑是个力气活,舂打期间需要进行几次轮换,中途力气不支的

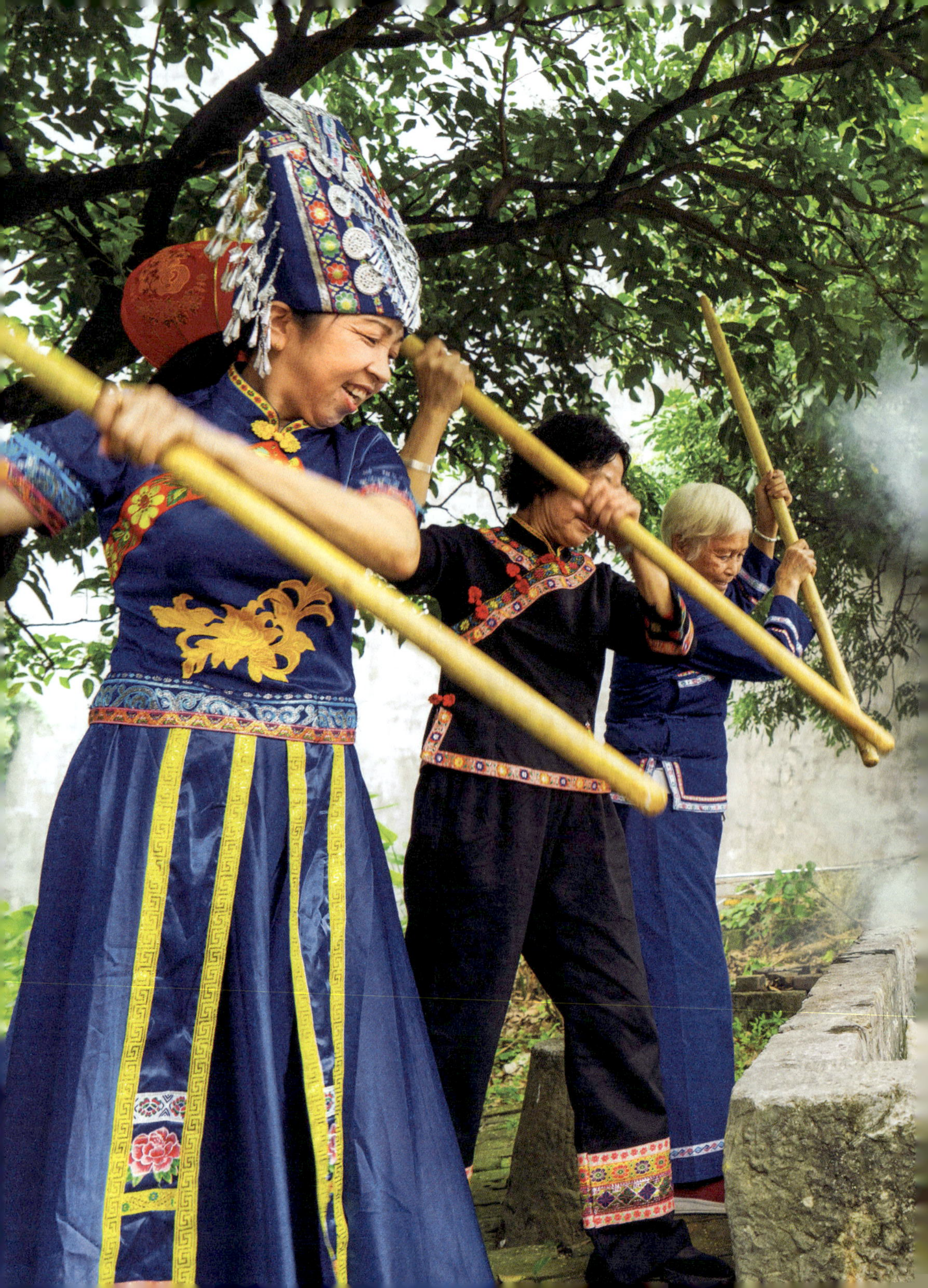

广西都安瑶族自治县群众舂糍粑
廖庆凌 黄鹏欢 摄

随时会被候场的劳力一把接过木杵，确保打糍粑的节奏、劲道。舂打糍粑到一定程度时，舂打的两人需合力将糍粑翻面，目的是让糍粑受力更均匀。将糯米舂成黏软状态后，妇女们将木槽里的糍粑揉成一团才取出来，然后趁热把大团的糍粑捏成一个个圆形的小糍粑。捏糍粑时手中要蘸取一些油以防止粘连。小糍粑蘸上白糖，吃起来糯劲十足，味甜鲜美。

有些地区喜欢在"三月三"制作艾叶糍粑。艾叶是一种中草药，具有清热解毒、活血化瘀等功效，对身体健康有一定的益处。在"三月三"这个绿意盎然的时节，广西的艾草生长茂盛且最为鲜嫩，吃上一口艾叶糍粑，既美味又养生。此外，人们认为食用艾叶糍粑可以驱邪避瘟，保护家人安康一整年。艾叶糍粑作为一道具有深厚文化内涵的传统食品，成为广西"三月三"这天必备的一种地方性美食。

如今，"三月三"打糍粑成为很多地方活动最为精彩的亮点之一。不同民族的同胞身着盛装，齐聚一堂，共同参与这场喜庆的传统活动。现场气氛热烈，欢声笑语此起彼伏。软糯的糍粑寓意各族同胞间的情感像软糯的糍粑一样紧密、粘连，圆圆的糍粑代表人们对团圆、丰收的期盼，香甜的糍粑象征着未来的生活和和美美、甜甜蜜蜜！

当地群众齐聚一堂制作糍粑
章兆学 摄

博物馆里的"三月三"　204

壮族木舂

壮族木舂
舂长186厘米
宽54厘米
高52厘米
木杵长151厘米
现收藏于广西民族博物馆

器

传世食器
迎宴"三月三"

舂是壮族民间一种古老的敲击体鸣乐器，壮族也称其为榔，主要流行于广西的平果、大新、宁明、天等、马山等地。现今，舂保存数量最多的是在平果、天等、田东三地交界的壮族聚居区。壮族木舂的主体是一个长方形的木槽，用一段质地结实的枧木原木剜挖而成。槽底两头有造型美观的铁制脚架支撑。舂体做工精致，槽壁外侧漆黄色，还用红、绿等颜色绘以凤凰、粮仓、丰字等图案纹饰。配两根木杵，木杵两端较粗，中间手握部分较细。

舂起源于农民用以舂稻谷的一种长槽形器具。随着历史的发展，舂由最初的生产用具逐渐变化为"召众"器物，后来逐渐向祭祀器物转变，现在则发展成为庆贺年节和祈求丰收的舞蹈乐器。唐代刘恂《岭表录异》记载："广南有舂堂，以浑木刳为槽，一槽两边约十杵，男女间立，以舂稻粮，敲磕槽弦，皆有遍拍，槽声若鼓，闻于数里……"宋代周去非《岭外代答》曰："静江（今桂林）民间……屋角为大木槽。将食时，取禾舂于槽中，其声如僧寺之木鱼。女伴以意运杵成音韵，名曰舂堂。"清代屈大均在《广东新语》中道："豪渠之家，丧祭则鸣铜鼓，召众则鸣舂堂……盖本舂器，因用召众也。"在平果、天等、田东三地交界的壮族聚居区，舂主要用于祭祀。在当地传统的开生、打醮、丧葬、求雨等仪式中，舂作为祭祀的礼器起到沟通神灵的作用，保佑五谷丰登、六畜兴旺、生活安康。

随着历史文化的发展，打舂逐步形成了一套独特的舞蹈和音律并在各个重大活动中进行表演。每到农历三月初三，由八人或十人组成的打舂队都会身穿民族盛装表演打舂舞。当打舂舞的音乐响起后，演奏者分立木槽两侧，每人手持一杵敲击木舂。敲击舂体部位不同、使用的力量不同，都会让砻产生不同的音阶和音色。演奏者往往拥有较高的技巧并形成足够的默契，他们时而冲击槽底，时而撞击槽壁，时而敲击槽边，时而以棒互击，时而以棒击地，边击边舞。"咚咚咚"的打砻声铿锵有力，节奏清晰明快，洪亮的声音闻于数里。在打砻舞音乐的伴奏下，演奏者边击边舞，乐舞结合，舞姿豪放粗犷，雄劲矫健，使"三月三"的节日气氛更显热烈欢腾。

打砻舞是壮族人民在长期的生产生活过程中形成的民族文化之一。如今，这种具有浓郁民俗性和地域特色的民间歌舞逐渐走出广西大石山区，登上更广阔的舞台，成为"三月三"节庆活动中备受欢迎的表演项目。

壮族木砻（局部）

器

传世食器
迎宴"三月三"

广西平果通天河景区打砻舞表演
黄滔 摄

苗族圆形铁质三脚架

苗族圆形铁质三脚架
直径24厘米
高18.5厘米
现收藏于民族文化宫博物馆

传世食器
迎宴"三月三"

在中国南方位于高山峻岭的村寨中,每家每户都在房的中央围青石、立铁架,称之为"火塘",不仅用于生火取暖、做饭、娱乐、举行祭祀活动,也是传统民居建筑不可或缺的一部分。火塘三脚架看似简单,却是我国南方各民族从古至今的重要传承,是反映我国社会历史发展历程的物质和文化载体。其作为共享的文化符号,在苗族、侗族、彝族、壮族、瑶族、土家族等我国南方各民族中具有深厚的文化内涵。民族文化宫博物馆收藏的苗族圆形铁质三脚架,征集于贵州省雷山县,是见证苗族生产生活、历史文化及信仰崇拜的重要实物。

由于自然和人文环境因素的影响,苗族同胞与南方其他民族都对火塘有着特殊的感情,酷爱在室内中心设置长年不熄的火塘,塘内放圆形铁质三脚架,俗称"铁三角"。圆形三脚架通常由铸铁制成,为三脚支撑,铁圈上面可以稳固地架起鼎锅等炊具。当然,圆形三脚架作为苗族火塘文化圣物之一,不仅是一个实用的炊具,还蕴含着苗族同胞久远而质朴的理念。圆形铁圈象征着苍天,三足之下象征着大地,三只鼎立的铁脚象征三根撑天柱,在天柱的支撑和庇佑下,人栖息在苍天与大地之间。这与中华民族"天圆地方"的宇宙观息息相关。

关于三脚架还有一个亘古的传说。相传很久以前,苗家有三兄弟,身强力壮,敢作敢当,深受部族老少的敬重和信赖。有一年,他们的部落遭遇天灾人祸,火种也熄灭了,生产和生活难以为继。三兄弟不畏艰险,挺身而出,冒着生命危险寻得火种,并历经千难万苦,跋山涉水,最终把火种带回部落。可谁知刚引燃柴火,倾盆大雨忽至。三兄弟不辞辛劳,团结一致,想尽一切办法保护珍贵火种。雨过天晴后，火种得以保存，部落里的全体人员都来庆贺，三兄弟慷慨地把火种分给大家。大家始终牢记三兄弟的功劳，为了纪念他们，家家户户在火塘旁钉了三根象征三兄弟的木桩。伴随着历史发展，三根木桩渐渐地演变成了今天的三脚架。至今，苗族民间还有相关歌谣传唱，歌词大意："三脚就是那三兄弟，翻山越岭为我们寻火种，火种不熄代代传，天长地久人人敬。"

因此，苗族三脚架不仅是火塘中的实用工具，更是苗族文化中的重要元素，承载着苗族的历史记忆和文化传统。

以三脚架为中心的火塘作为神圣的存在，既是苗族传承文化的载体，也是他们举行重大活动的见证。"三月三"是苗族最重要的传统节日之一，也为庆祝新的一年春天的降临，通常在农历三月初三举行。这一天，村寨的苗族男女老幼身着节庆盛装，载歌载舞。同时，他们还要举行盛大的祭祀和宴席等传统仪式。此时，他们会盛情邀请客人围坐火塘三脚架旁，边取暖边饮茶，待客齐开宴，碰

铁质长火钳

器

传世食器
迎宴"三月三"

碗举箸,觥筹交错,其乐融融。宴罢,人们一起倾听族中老人们讲起悠久的传说、唱起古老的歌谣,直至深夜,甚至围在火塘,铺被而眠。此时还有一种浪漫的活动叫作"行歌坐月",是苗族、侗族等南方民族青年男女的一种古老交往活动和恋爱方式。姑娘坐在火塘旁等待小伙子来访,他们聚集时畅谈逗乐,互诉衷肠,或是奏起各类民族乐器并对唱情歌。每当夜深人静,歌声婉转悠扬,琴瑟和鸣,如风吟幽谷、鱼龙潜跃,令人神往,往往歌至五更方散,黎明时分才在种种不舍中惜别。此时青年男女的交际活动和恋爱方式,正是对古代"三月三"文化追求美好爱情的响应。

　　由于社会生活方式的变化,苗族同胞的房屋空间利用方式也在随之发生变化。由于防火的需要,三脚架等这些传统生活用具面临历史的选择。但作为一种文化象征与代表,三脚架有着独特的乡土文化传承意义。如在被称为"千户苗寨"的苗族聚居的山寨大多保留了这些习俗,成为现代社会排遣乡愁的文化旅游热点。

圆形铁锅

阳光照耀下的广西隆林各族自治县德峨镇苗族古村落张家寨
曾书奇 摄

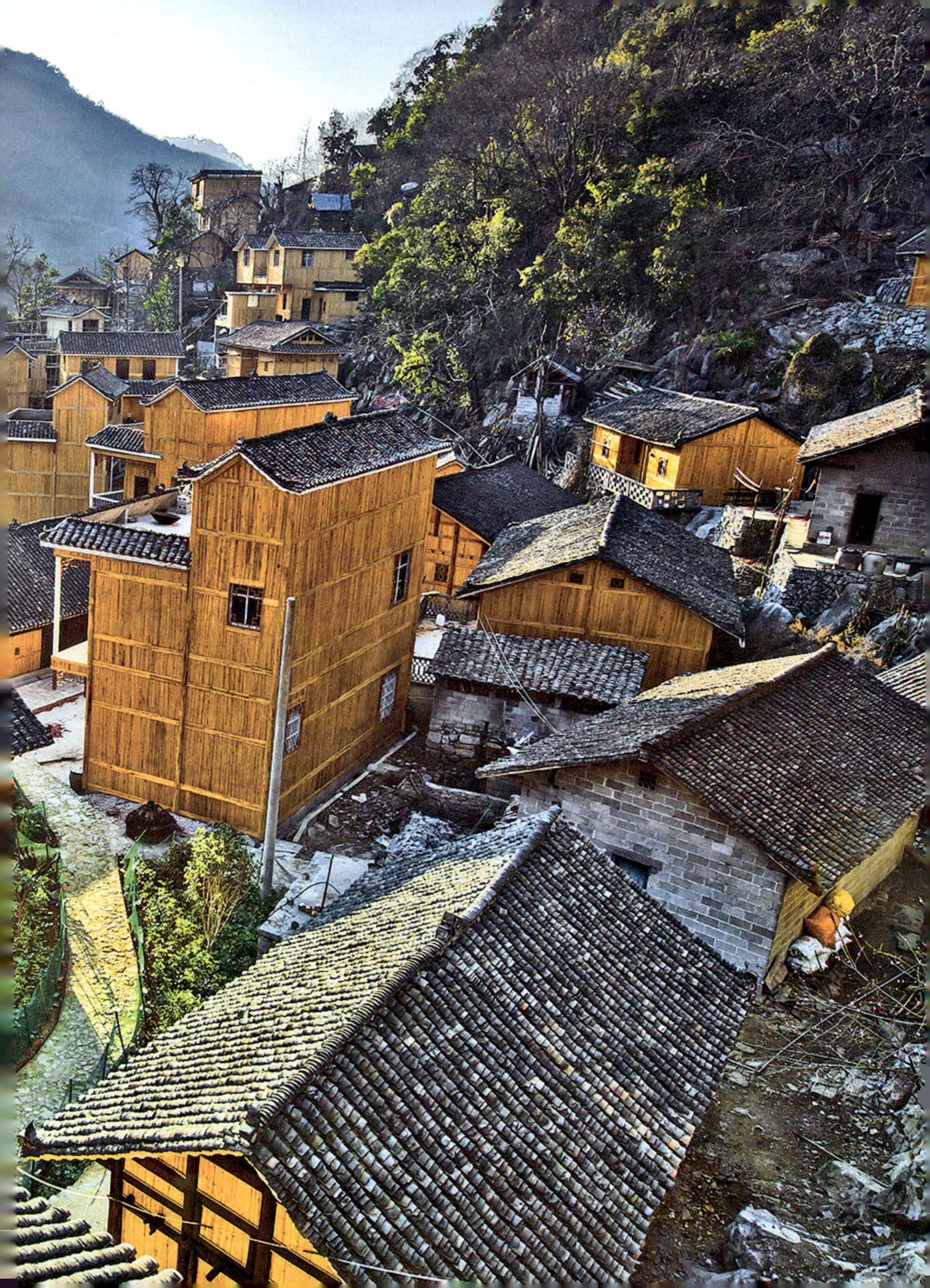

博物馆里的"三月三"　　214

巴马瑶族
网兜彩蛋

巴马瑶族
网兜彩蛋
长69厘米
现收藏于广西民族博物馆

器

传世食器
迎宴"三月三"

　　巴马不仅是世界知名的长寿之乡，还以其独特的生态环境、多姿多彩的民族文化闻名于世，而瑶族盛装是最为绚丽的篇章之一。瑶族不仅在祝著节期间穿着盛装，还在每年"三月三"的活动中穿着盛装，以展示与传承瑶族服饰文化。

　　广西巴马瑶族女盛装主要由头巾、斜襟短衫、百褶短裙片、大腰宽筒长裤、腰带等组成。头巾多条，有用青黑色棉布制作的，也有用方格土布制作的，两端留有红色璎珞吊穗。斜襟短衫为圆领窄袖式样，衫长至腰，两侧开衩，领面极为窄密，外圈是红、黄丝线绣规则的斜纹段绲边，内为白、红、黄色细布条密贴缝制装饰，且装饰手法延续至斜襟缘边、侧摆、下摆，与外沿的细小菱形刺绣的绲边带搭配，加上袖口的装饰，使得短衫整体风格统一，又不失俏皮。百褶短裙片为前后两片式样，穿戴时系于长裤外，前片仅至腹下，后片至臀处，可见其功能已经从最初的遮羞蔽体转化为对瑶族裙装的历史记忆。大腰宽筒长裤与其他民族的缅裆裤并无差别，穿时束腰带，腰带两端有挑花刺绣几何纹图案和琉璃珠吊穗，束于身后垂吊。行走在山林间，或者在节日期间翩翩起舞时，随着脚步的摆动，垂吊的腰带轻轻荡起形似"龙犬尾"，是瑶族祖先崇拜习俗在服饰上的体现。

　　穿着巴马瑶族女子盛装时，会在胸前佩戴银胸牌、多层串珠，并悬挂缀在彩色网兜里的彩蛋。以"网兜彩蛋"作为盛装的装饰物品之一，在各民族服饰中并不多见，这与巴马瑶族聚居区的自然生态、社会环境、民俗风情息息相关，"三月三"歌圩也是关键性因素。

　　在红水河畔的广阔区域，一种有别于右江流域壮族抛绣球的传

博物馆里的"三月三"　216

巴马瑶族女盛装
衣长47厘米
通袖长109厘米
百褶裙长30厘米
裤长94厘米
现收藏于广西民族博物馆

情方式，即是"三月三"歌圩的"碰红蛋"习俗。这种充满趣味性的青年男女传递感情的方式，在区域内的壮、瑶、苗等民族中传承着。"三月三"歌圩，男女青年除了盛装出行，还会各自手握一枚彩蛋，通过相互碰撞交流感情。彩蛋是把熟鸡蛋染成彩色用以传情之物。小伙子在歌圩举办地手握彩蛋去碰姑娘手中的彩蛋。姑娘如果不愿意就把蛋握住不让碰，如果蛋壳被碰碎就说明男女之间有缘，实际上也是男女青年相互看上才会用力去碰蛋的缘故。通过这一有趣的交流方式，男女青年拉近彼此之间的距离，加深感情。一旦蛋碎相中，两人共吃彩蛋，这就播下了爱情的种子。然后，男女青年到河边、树下以对歌的方式进一步表达心中的爱意。此时，山歌成为孕育爱情的养分，碰蛋而食的男女青年心中的爱情种子在山歌的滋润下无限生长，最终会在秋末冬初农闲时候结婚成家，从而代代传承、繁衍生息。此套巴马瑶族女服是盛装也是婚礼服，如此也就理解了为什么"网兜彩蛋"会成为盛装中的重要装饰物，因为"三月三"歌圩的民俗赋予其美好的寓意和文化内涵。

实际上，佩彩蛋为美的习俗仍然是一种壮族古代卵崇拜的原始遗留痕迹。有趣的是，在博物馆的藏品中，为什么"佩挂彩蛋"的装饰不曾体现在壮族服饰中，而是在瑶族盛装中出现？俗话说"岭南无山不有瑶"，瑶族的发展史也是一部迁徙史，当瑶族迁徙到巴马的时候，为数不多的平地已经住满人，瑶族只能居于高山密林之中。传统"三月三"不仅是爱情的集市、山歌的集市，还是物资交换的集市，高山再高，丛林再密，也挡不住各民族全方位的往来交流。在年复一年的"三月三"节日民俗中，壮族对迁徙的瑶族在文化上产生了影响，并在服饰上有所体现，佩挂彩蛋成为盛装中的一个重要组成部分。透过小小的彩蛋，我们看到的不仅是"三月三"节日民俗的影响，更多的是民族间文化的传递。

迄今为止，以佩挂彩蛋为装饰的民俗在红水河流域依然广泛地传承着，并且在本地区的各中小学校"三月三"活动中成为节日特有的一种文化活动。此时，"彩蛋"已经从爱情的种子转化成为孩童心中"三月三"节日的种子，在他们的童年时代烙下深刻的印记。当他们走出大山，离开原生环境多年之后，也许某次不经意的博物馆之旅，看到广西巴马瑶族女盛装之时，蓦然回首，原来"三月三"的记忆已经深深地烙在骨子里，代代传续。

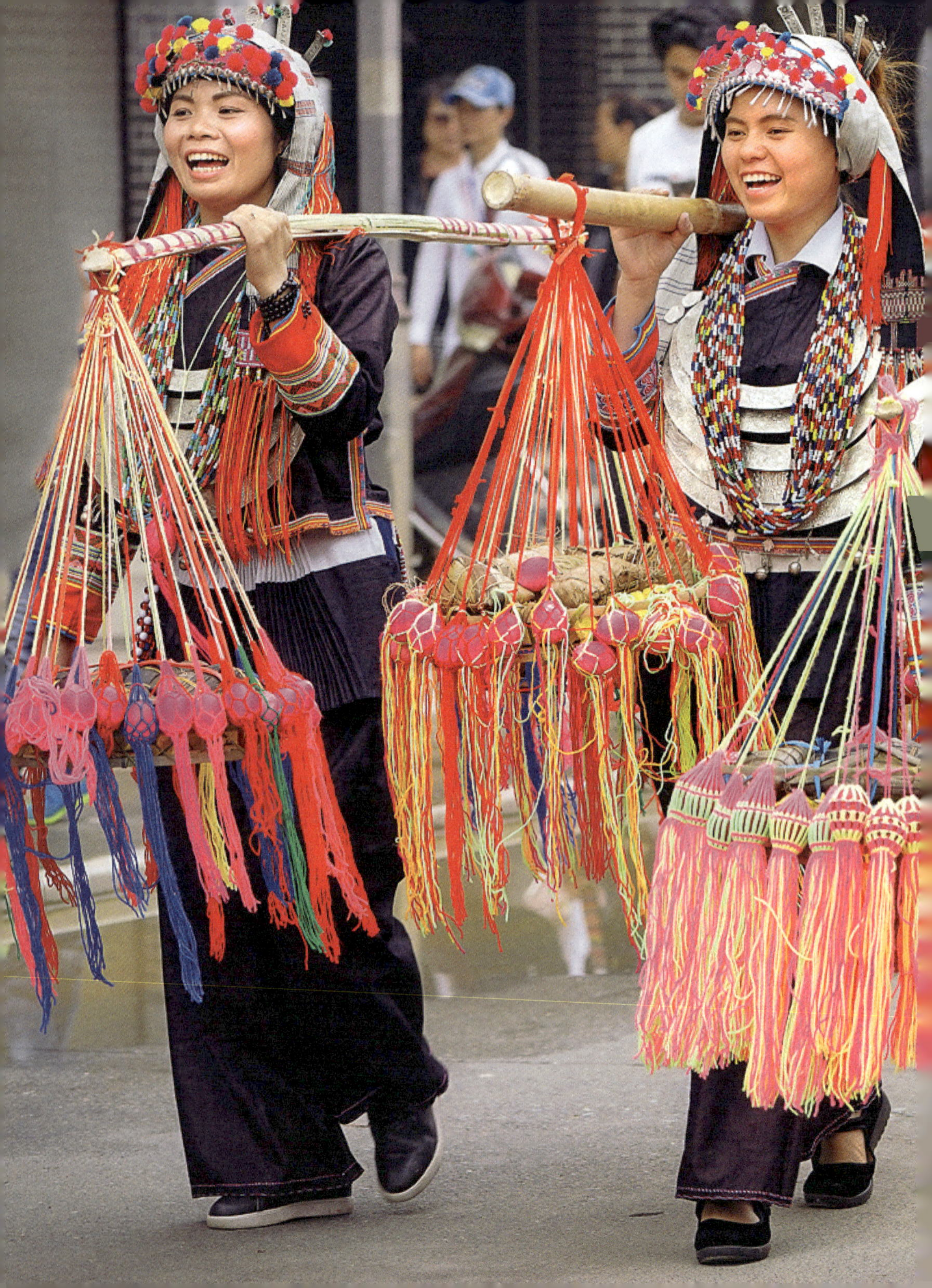

广西巴马瑶族自治县
身着瑶族服饰的姑娘挑着
彩蛋进行游街活动
黄展成 摄

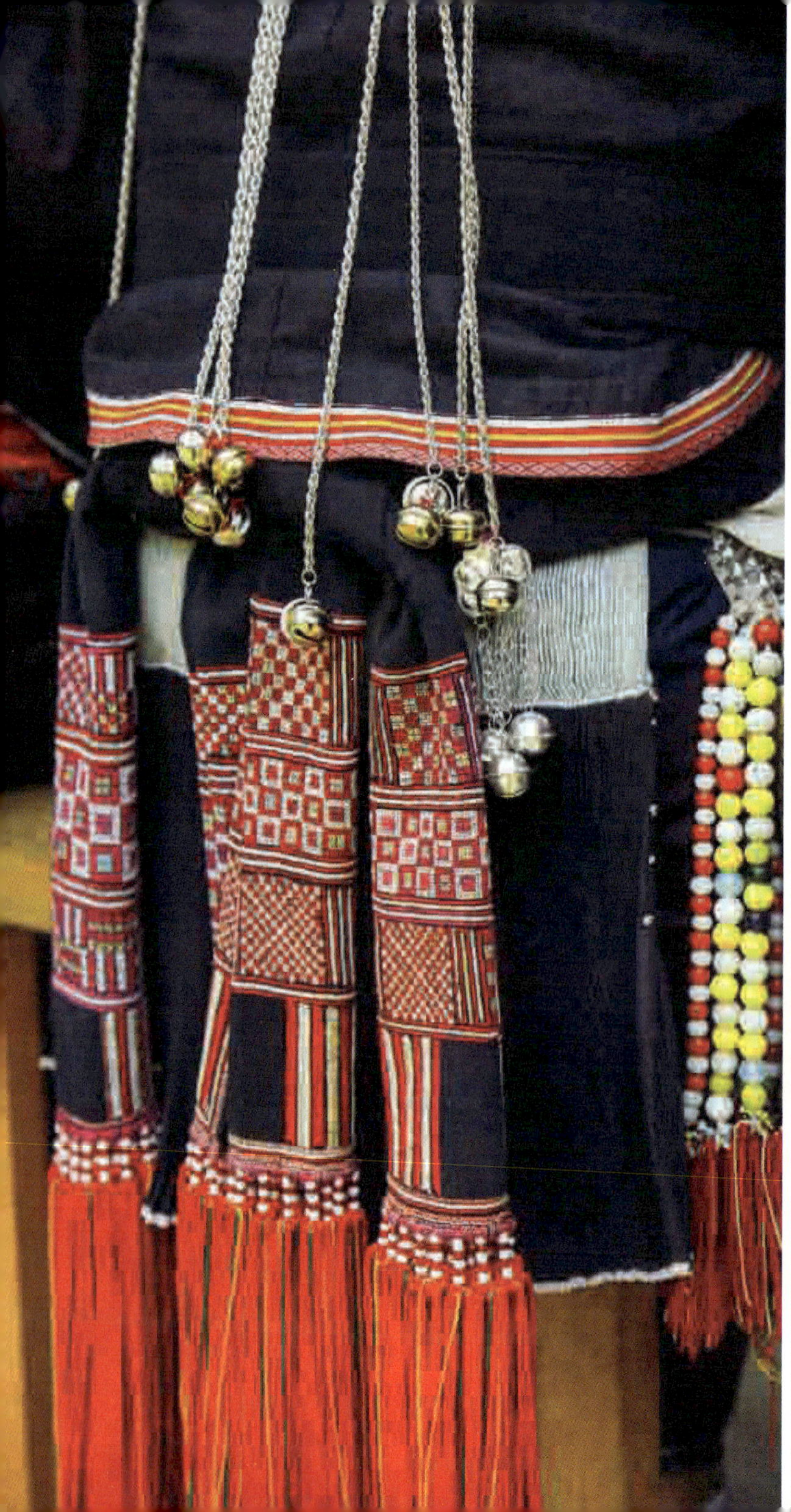
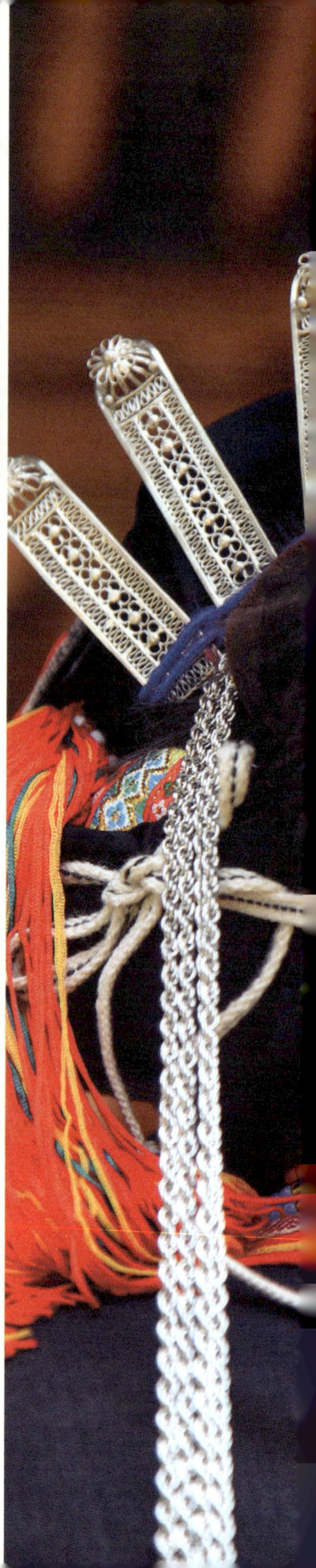

广西巴马瑶族的女子银饰
梁汉昌 摄

Entertainment
娱

博物馆里的"三月三"

娱

八音欢娱 渲染"三月三"

　　从古代的祓禊仪式、曲水流觞、踏青赏花，到今天的民俗庆典、乐舞荟萃，娱乐始终是"三月三"节日的重要元素。仲春时节，欢乐的歌声此起彼伏，人们欢聚一堂、共度"三月三"佳节。贵州兴义布依族的勒尤是"唤醒情人的小喇叭"，是布依族青年在"三月三"活动中表达爱意的重要媒介，青年男女在月下以音乐传情，约定终身。瑶族人民在"三月三"活动中会敲响黄泥鼓，跳起黄泥鼓舞，表达对祖先的怀念。牛角号是瑶族、彝族、苗族、畲族、布依族等民族在"三月三"活动中重要的伴奏乐器，寄托着中华民族尊牛爱牛的文化传统和祈愿丰年的美好愿景。在节日期间，各地还会举办一系列丰富多彩的文体娱乐活动。抛绣球就是大家熟知的民俗游戏。绣球是从古至今广为流传的爱情信物，特别是壮族绣球，制作工艺精巧复杂。年轻姑娘将绣有精美纹样的绣球抛向自己的意中人，象征爱情的甜蜜。对唱山歌也是南方许多民族的传统活动之一，其中以壮族"三月三"歌圩最具代表性，相传为纪念"歌仙"刘三姐形成的，现收藏于中国现代文学馆的彩调剧本《刘三姐》一书中就描绘了"三月三"对歌、斗歌的精彩情节。板鞋运动是壮族等民族"三月三"节日中代表性的民俗体育活动，具有浓郁的民族特色和生活情趣。舞龙舞狮也是节日里一项不可或缺的环节，广西壮族的狮舞传承历史在田阳地区最为悠久，舞者们身穿彩衣、头戴面具，伴随着锣鼓声尽情舞动，营造出热烈的气氛，寄托着人们祈福消灾的美好愿望。瑶族、彝族等民族热衷于打陀螺比赛。我国的陀螺历史最早可追溯至7000年前，随着民族间的文化交流，打陀螺活动传入西南地区，成为贵州、云南等地较为普遍的群众性传统体育活动。在春意盎然的日子里，八音齐鸣、欢声笑语是对节日的礼赞，也展现着中华文化的多元共融和勃勃生机。

博物馆里的"三月三"

刻花纹牛角号

清代彝族漆绘牛角号
长55厘米
现收藏于民族文化宫博物

娱

八音欢娱
渲染"三月三"

牛角号是瑶、彝、畲、苗、布依、黎、仡佬、景颇、纳西、怒、傣、土家、汉等民族喜爱的唇振气鸣乐器。牛角号流行于桂、黔、滇、川、湘、粤、琼等省区，尤以广西壮族自治区河池市南丹县和贵州省黔南布依族苗族自治州、黔东南苗族侗族自治州等地最为盛行。

牛角号多用天然生长的水牛角或黄牛角制作，常就地取材，规格大小不等，一般全长40—70厘米。有些由长短不同的两节牛角（长节约34厘米，短节约15厘米）组成；有些为完整的牛角，呈弧形。制作时，将牛角尖端锯平，在锯口中心钻一细孔，与角的内腔相通，圆孔上端扩孔并呈钝角状，与号嘴相似。有的还在角的上端装置一个竹制或木制吹嘴。

牛角号可奏五声音阶，音色浑厚、嘹亮。演奏时，角体较小者，双手持角身吹奏；角体较大者，用左手托抱角底置于胸前，右手持角身吹奏。角无按音孔，也无固定音高，依靠口形变化和气息控制，可以吹奏出不同的音高。小者音色高亢、尖锐。大者音色浑厚、悠扬，可用于独奏或合奏。在湖南一些地区还流行着《玉皇甫》《老君甫》《山羊过坳》等牛角曲调，吹奏时用锣鼓伴奏。

牛角号有悠久的历史，其起源与原始狩猎和祭祀等活动密切相关。在我国的陕西、河南、山东等地，曾出土新石器时代所用的陶制角出土。陕西省华县（今渭南市华州区）井家堡出土的一支陶角，属仰韶文化庙底沟类型，其形与牛角相似，全长42厘米，吹口内径1.8厘米，喇叭口内径7.4—7.6厘米，管壁厚0.8—1厘米，吹口较细，能吹出声响且音量较大。陶角是牛角等兽角普遍使用后产生的。在史前及夏商时期，无论牛角还是陶角，均作为传

博物馆里的"三月三"

226

民国畲族牛角号
通长49厘米
通宽6厘米
现收藏于中国国家博物馆

递信号的工具使用。秦汉时期，角已在军中仪仗和吹乐中使用，除动物的天然角以外，还出现了用竹、木、皮革、铜等材料制成的角号。从《汉代鼓吹乐队图》中可以看出，汉代乐队使用的角很大，已不是牛角等天然的角，而是人工制作的角了。古代的角，先在少数民族中使用，与牧业、狩猎生活关系密切。东晋徐广的《车服仪制》引《北堂书钞》有言："角，前世书记所不载。或云本出羌胡，吹以惊中国之马，或云本出吴越也。"唐代杜佑的《通典》记载："角，书记所不载。或出羌胡，以惊中国马。马融又云，出吴越。"

牛角号发出的声音气势磅礴，令人震撼，自古以来便深受人们的青睐。时至今日，牛角号依然在四川、广西、贵州、云南、海南等地的传统民俗文化中占据着显著地位。在这些地区，无论是祭祀祖先的庄严时刻，还是庆祝盛大节日的欢乐场景，牛角号都作为不可或缺的乐器被频繁使用，继续传承着古老的文化意蕴，响彻云霄，连接着过去与现在，传递着人们对传统的尊重与热爱。

现收藏于中国国家博物馆和民族文化宫博物馆的这 3 支牛角号各有特色。

清代彝族漆绘牛角号通体髹漆，绘龙、凤、麒麟等祥瑞之兽，鱼跃龙门、鹿腾林间、兔卧草丛等生动场景，以及寿字纹，周身点缀繁复的花草纹饰，握柄处用浅浮雕工艺雕刻鱼鳞纹等，在外脊处的显眼位置还刻有"癸未"字样，清晰表明了这支牛角号制成的年代。

民国畲族牛角号整体为棕红色，中空，一端是黄色的吹嘴，另一端则逐渐变粗，呈现出自然的弯曲形状，表面看起来有些磨损。

瑶族牛角号用完整的牛角制成，彩绘动物与几何图案，精美华丽，又不失低调沉稳。

牛角号是彝族、畲族、瑶族等民族的重要法器和乐器，在"三

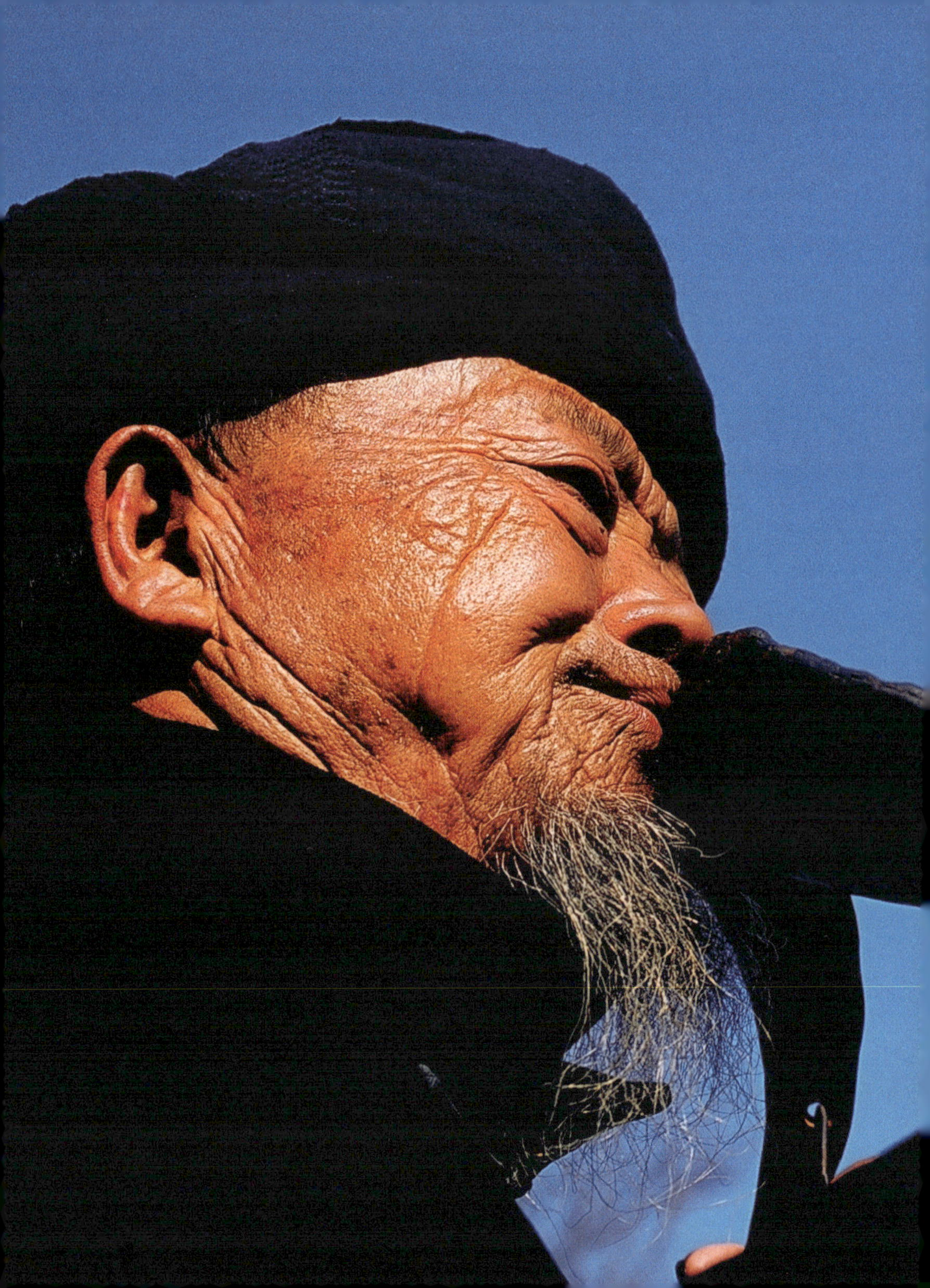

广西隆林各族自治县德峨镇
吹羊角的苗族老者
梁汉昌　摄

博物馆
里的
"三月三"

230

瑶族牛角号
通长30厘米
口径8.8厘米
现收藏于民族文化宫博物

**八音欢娱
渲染"三月三"**

月三"中扮演着不可或缺的角色。

彝族的"三月三"会举行祭山仪式。每年这个时候,彝族村寨便沉浸在一片欢腾之中,男女老少身着绚烂的传统服饰,汇聚一堂,共同迎接仪式的到来。他们邀请村寨中德高望重的毕摩(祭师)主持神圣而庄严的祭山仪式。仪式的高潮之处,牛角号声响起,那深沉而悠扬的旋律在山林间回荡,为节日披上了一层神秘而庄重的面纱,增添了自然与人文和谐共生的氛围。

畲族的"三月三"这一天,人们会成群结队去野外采集乌稔叶,用乌稔叶的汁液将糯米饭染成乌色,家家户户煮乌米饭祭祖,全家共餐并馈赠亲友。节日当天晚上,总会上演迄今已传承至第十八代的绝技表演——炼火,民间俗称"上刀山下火海"。文身、赤脚的祭师手执灵刀,吹响牛角号;参与炼火者围着火堆舞动响铃、钢叉,跳动着传统的祭祀舞蹈:把人们带入一个奇异、神秘的文化意境。在嘹亮悠远的牛角号声中,远古时代先民对火的崇拜在每个人心中熊熊燃烧。

瑶族的"三月三"是集体渔猎的日子,男人们将捕获的野物鱼类按户分配,共享收获的欢乐。夜晚降临,男女老少聚集在广场上,载歌载舞,祈盼丰收。这时,牛角号就是重要的伴奏乐器。除了用于"三月三"的歌舞伴奏,在瑶族民俗仪式中,牛角号也是法器。瑶族师公所用法器有牛角号、鼓、锣、镲等,牛角号和鼓是其中重要的法器,经书中有专门用于敕牛角的经咒。据经书所载,牛角号的主要功用为请动天兵神将驱鬼禁鬼。在瑶族盘王节、法事仪式等重要庆典仪式上,都要有专人吹响牛角号,其乐声是瑶族从古至今的精神寄托,传达了他们对大自然的敬畏以及对生活的热爱。

牛角号承载着中华远古先民的祈愿,一直吹响到今天,成为"三月三"的重要组成部分和各民族共有共享的中华文化符号。

壮族
八音

博物馆里的
"三月三"

232

娱

233

八音欢娱
渲染"三月三"

壮族八音
长13—45厘米
宽2—38.2厘米
高2—100厘米
现收藏于广西民族博物馆

壮族八音是汉族八音与壮族文化相融合的产物。古代按照乐器制作材料的不同，将乐器分为金（如钟）、石（如磬）、竹（如管）、匏（如笙）、土（如埙）、革（如鼓）、丝（如琴）、木（如祝）等八类，俗称"八音"。后来，八音在民间逐渐演变成泛指音乐形式类的艺术门类，因大致使用八种或八件乐器而得名。明清时期，八音在广西兴盛传播，壮族人民将汉族八音与壮族文化相融合，形成了独具特色的壮族八音。

壮族八音大致可分为南路八音和北路八音，两种流派在器乐组合、地域分布和音乐风格上均有所不同。南路八音以唢呐为主奏乐器，配以鼓、仄板、沙得、吉鱼、云锣、高边锣、大铙、小锣等乐器，主要流行于南宁市的邕宁、武鸣、上林、隆安和百色市的德保、靖西、那坡以及崇左市所属的各县。壮族南路八音深受汉族八音文化影响，其音乐风格较为柔和、婉转，旋律优美，富有抒情性。北路八音以马骨胡为主奏乐器，配以葫芦胡、土胡、三弦、竹笛、锣鼓、钹等独特乐器，主要流行于百色市的隆林、西林、田林、凌云等地及其周边的广大地区。北路八音无论是乐器还是演奏曲目或是曲风，都具有典型的壮族原生特色。

奏响壮族八音是"三月三"庆典活动中烘托节日气氛最有效的手段。在"三月三"祭拜祖先或山神的活动中，人们常用壮族八音作为祭祀仪式的伴奏音乐，营造庄重或喜庆的氛围。在"三月三"节日期间的庆典表演中，各种民俗活动如歌舞表演、舞龙舞狮等，也往往以壮族八音作为背景音乐。壮族八音乐手们吹起乐器、敲起锣鼓，节奏明快的旋律更为节日增添了欢乐情趣和喜庆气氛。在许多地方，人们还会在"三月三"期间举办壮族八音比赛或展演，为壮族八音提供展示和创新的舞台，推动传统音乐的活化。"三月三"已经成为壮族八音文化传承的重要载体，壮族八音也通过"三月三"的广泛传播得以代代相传。

娱

八音欢娱
渲染"三月三"

壮族八音具有鲜明的民族音乐特色，广泛应用于各地壮族的节日庆典和礼俗活动中，已成为当地壮族重要的音乐文化符号之一。

乐器（局部）

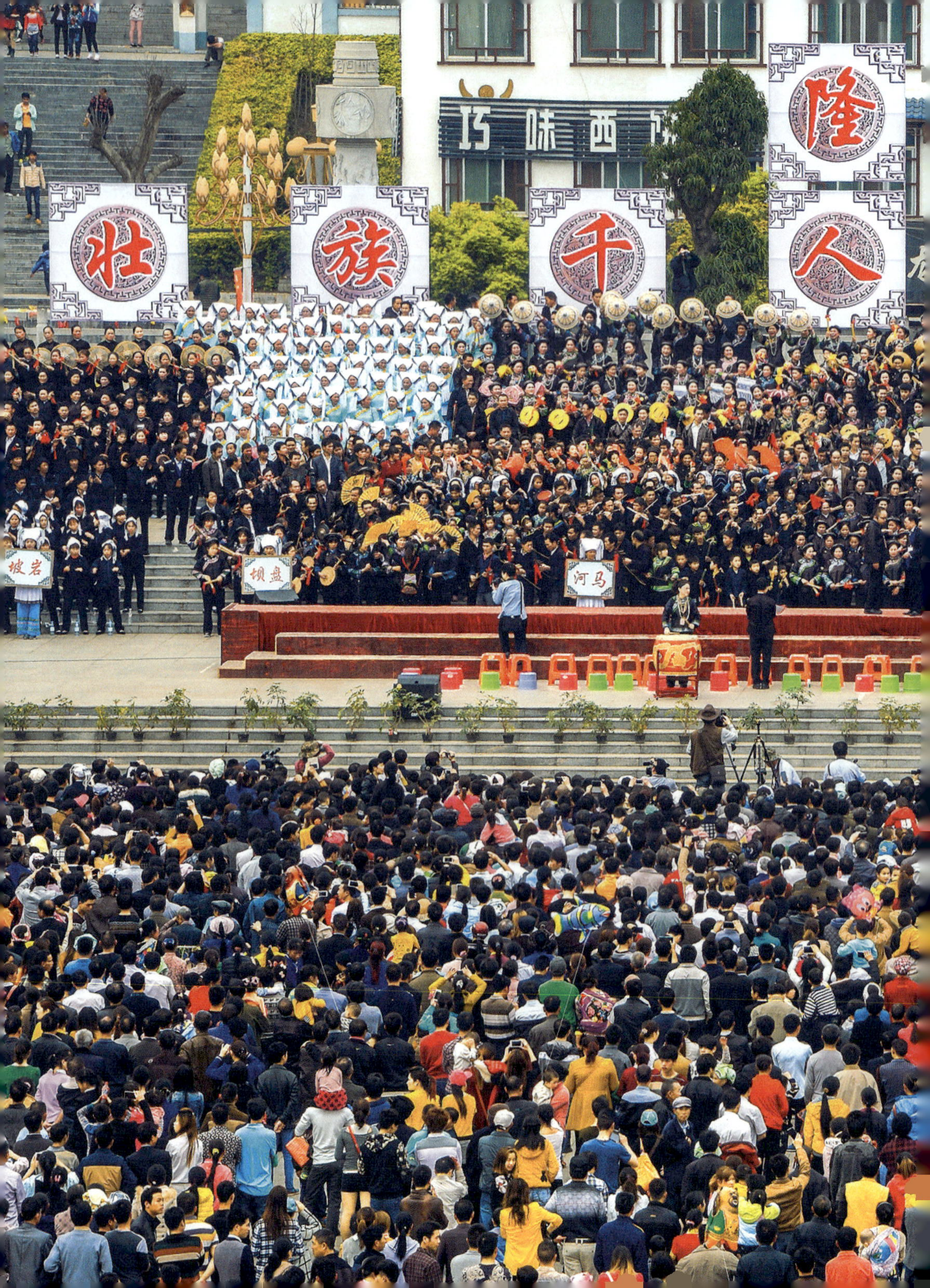

巧味西
隆
壮
族
千
人
坡岩
顷盘
河马

广西隆林各族自治县
壮族千人八音比赛
杨蛟 摄

博物馆里的"三月三"　238

兴义布依族勒尤和大月琴

兴义布依族勒尤
长20厘米
现收藏于贵州省民族博物馆

娱

八音欢娱
渲染"三月三"

在贵州省，有侗族、布依族、苗族、仡佬族等民族欢度"三月三"。贵阳、安顺等地的苗族"三月三"，也称"射花节"。节日这天，苗族同胞会准备很多酒肉和糯米饭，用来招待亲朋好友。青年男女则吹芦笙，唱情歌，寻找意中人，同时开始射花。姑娘们提前准备好要射的花，节日当天用两根竹竿把花插在坡头上。射花开始后，小伙子先在东南西北各射一箭，然后姑娘用手指她亲手做的那朵花，示意小伙子去射。若射中，小伙子便成为姑娘的意中人。水城、惠水苗族在"三月三"举行摔跤活动，也叫"跳花节"。摔跤在太阳西斜时开始举行，以先倒地者为输，能摔倒所有对手者被荣称为"盖场"，成为当届摔跤王。仡佬族也过"三月三"。普定仡佬族有拜树节，是祭树也是祭祀祖先的节日。一般在节日前半月，全寨就要选出六户领头人，筹办事务。从农历二月底起，在每晚午夜前，领头人就点着灯，于寨前的路口，用仡佬语喊："老祖公，'三月三'快到了，快回来吧……""三月三"这天，成年男子要到山上神树下祭祀，祭品有猪一头、鸡两只。祭毕大家就地而食，仪式十分隆重。遵义平家寨的仡佬族在这天亦要到山上古树下，举行同样的祭祀仪式并进行多种娱乐活动，气氛更为热烈。

据学者研究，布依族先民百越人曾参与了栽培稻的培育。如果译音准确，布依族的自称应书为汉字"布越"。这个"越"即是"百越"之"越"。据考证"越"即"钺"，是一种农具。自元代始，布依族又被称为"仲家"。有学者认为，所谓"仲家"者，"种家"也，因耕种而得名。这些，都揭示了布依族以农业耕作为主的经济生活特征。由于稻作农业的发展，布依族在古代季节性的农业祭祀基础上，形成了固定的节日。从一月到九月，几乎每个月都有节日，而且每个月的节日都与水稻耕作的一定阶段相关。布依族的节日均以农历计算。农历三月初三过节，各村寨祭社神和山神，祈祷人畜平安，保佑五谷丰登。清乾隆年间《南笼府志》载："每岁三月初三宰猪、牛祭山，各寨分肉，男妇饮酒，食黄糯米饭……三四两日各寨不通往来，误者罚之。"贵阳乌当一带，"三月三"要举行"地蚕会"，祭祀地蚕和天神，使地蚕不要吃春播的种子，以期五谷丰登。望谟、册亨一带，"三月三"要为祖坟扫墓、挂纸，届时邀亲友参加，十分隆重。布依族"三月三"除了祭山神，也是布依族青年男女对唱情歌、寻亲择偶的节日。"三月三"到来时，布依族青年男女三五成群，借助勒尤、月琴等乐器的演奏，抒发对心上人的爱慕之情。

"勒尤"为布依语音译，意为"对情人发出信号的小喇叭"或"唤醒情人的小喇叭"，主要用于各种集会、庆典活动和青年男女的爱情、娱乐生活中，也可用于独奏或为歌唱伴奏。勒尤通常由青年男子吹奏，用以表达爱情，亦可作定情礼物，女性则以木叶回应。演奏勒尤时，管身竖置，双手扶管，其演奏技巧丰富，音色圆润流畅，优美动听，富有表现力。

勒尤是一种木制的双簧直吹乐器，形似唢呐，由共鸣筒、管身、铜箍、侵子、虫哨五个部分组成。管身木制，采用泡桐木、花椒木或橄榄木制作，上细下粗、两端通透，呈锥形管状体。在管身上口插有一截用细竹管制成的侵子，管身开五至六个孔。管身下端套有共鸣筒，筒体用一截竹管制成。簧哨采用虫哨，经过特殊处理后套于侵子上端。虫哨用槐树、黄果树或橄榄树上的一种昆虫茧制成（虫茧剪去两头，取出虫蛹，放入桐油中浸渍，取出晾干后制成），有经久耐用、不易破裂变形和发音柔和等优点。勒尤为布依族世代传承的独特的民族乐器，主要流传于贵州省黔西南州兴义市及望谟、册亨、贞丰一带。《布依族简史》记载："在清乾隆年间（1736—1795），册亨州同的秧坝，普安（今兴义）判的巴结，开始编演布依戏。"勒尤伴随着布依戏的产生而产生，至今已

娱

八音欢娱
渲染"三月三"

有 200 多年的历史。

布依族月琴是一种弹拨乐器，形似琵琶，琴身较小。其应用广泛，常在布依族的婚礼、庆典等场合中使用，常用以表达喜悦和祝福之情。月琴用木板制作，外接一个长长的柄。琴颈短小，有梅花形音品排列。用手指或拨子拨动琴弦，使用弹奏、拨奏技巧演奏。由于形状和构造独特，布依族月琴弹奏方式独特，其音箱呈半圆形，柄可以调节音箱的音高。布依族月琴作为我国西南地区的一种独特乐器，具有悠久的历史和丰富的文化内涵。月琴起源可以追溯到唐代，当时被称为"朴琴"，明清时期开始被广泛使用于布依族民间音乐中。

勒尤演奏的曲调名为《勒尤调》，常以"思念""喊妹""浪哨"等为名呼唤心仪的女子，最能表达青年男女复杂的内心情感和浪漫的性格。月琴被称为"布依族的三弦琴"，琴声独特，非常具有音乐表现力。勒尤和月琴因反映出布依族的婚恋文化和音乐文化，被吸纳为布依族最具代表性的民间说唱艺术"八音坐唱"合奏乐器之一，成为国家级非物质文化遗产的一部分，是中华民族音乐中的重要组成部分，具有较高的收藏、研究、展示价值。

兴义布依族大月琴
通高113厘米
通宽60厘米
现收藏于贵州省民族博物馆

21世纪初,广西隆林各族自治县德峨镇
背月琴赶坡会的苗族少女
梁汉昌 摄

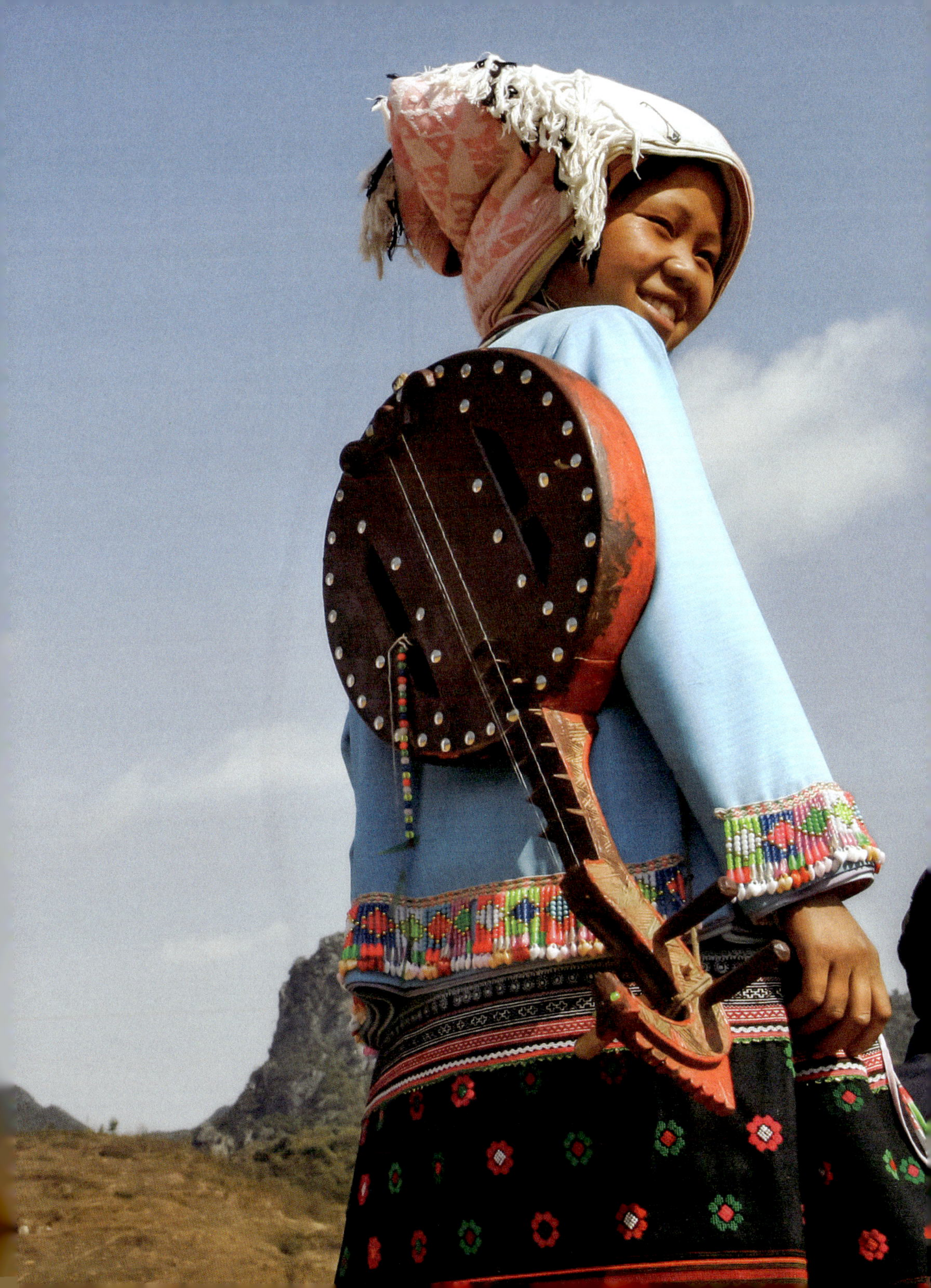

博物馆里的"三月三" 244

侗族二弦牛腿琴

侗族二弦牛腿琴
长53厘米
宽9厘米
现收藏于民族文化宫博物

娱

八音欢娱
渲染 "三月三"

牛腿琴（局部）

  牛腿琴，侗语称郭各、郭各依斯等。本文展示的侗族二弦牛腿琴，琴身细长像牛腿。这件二弦牛腿琴征集自贵州侗族群众聚居的地区，较为小巧精致。牛腿琴规格多样，音色柔细，琴体用整块杉木制成，下端挖空，以薄桐木蒙面作鸣箱，上端装有两个木轸，采用铜丝做弦，琴头雕刻有鳞片状纹饰。拉弓用竹子和马尾制成。演奏时，将琴的尾端放在左胸前，左手执琴，右手执弓拉奏。其音色低沉委婉，常与琵琶、芦笙一起用于侗族民歌和侗戏伴奏。主要流行于贵州省黔东南苗族侗族自治州榕江、从江、黎平，广西壮族自治区三江侗族自治县、融水苗族自治县，湖南省通道侗族自治县等黔、桂、湘三省区接壤的广大侗族聚居区。牛腿琴经常出现在传统节日特别是"三月三"的节庆活动中，因其温婉的声音和小巧精致的身形而得名。

关于牛腿琴的来历，民间流传着这样一个古老的传说：很久很久以前，在黔东南的一个侗族山寨里，住着穷、富两家人。富人依仗财势经常放狗去咬穷人，穷人也不甘示弱，奋起反抗将狗打死，从此两家仇恨日渐深重。一次，穷人养的牛见到主人受到欺侮，便冲上去相助，富人见情况不妙，也放出自己的牛来。此后，人与人打，牛同牛斗，闹得整个山寨不得安宁。后来，有个神仙下凡来调解，送给每人一支芦笙，让他们吹着芦笙走乡串寨，忘记争斗。然而牛却不听召唤，越斗越凶。神仙担心牛的角斗再次挑起人与人之间的旧仇，气急之下便把两头牛的后腿给砍断了，两头牛再也无法争斗。矛盾虽然得到解决，可穷人却永远失去了耕牛，他伤心地抱着牛腿痛哭不已。后来牛腿腐烂了，他便做了一个用木头制成的牛腿，仍抱着它一边抚摸，一边诉说自己的苦衷。于是，后来就逐渐形成了在民间流传的牛腿琴和牛腿琴歌。

牛腿琴历史虽较为悠久，但却未留下其初始年代的史籍记载。牛腿琴既是侗族古老的也是唯一的拉弦乐器。到了明代，田汝成在《行边纪闻·蛮夷》中记载："峒人……散处于牂牁、舞溪之界，在辰、沅者尤多……男子科头，徒跣，或跂木履，以镖弩自随；暇则吹芦笙、木叶、弹二弦、琵琶……"其中所记"二弦"，即今日之牛腿琴。演奏牛腿琴时，采用坐姿或站姿。采用坐姿时多使用稍大的牛腿琴，将琴箱下端夹于两膝之间，琴面朝前，左手持琴按弦，右手执弓在弦外拉奏；采用站姿时多使用稍小的牛腿琴，将琴的尾端顶在左肩与左胸之间，琴面朝上，左手托持琴颈，用食指、中指和无名指按弦，右手执弓在弦上拉奏。这种演奏方法在我国各族民间拉弦乐器中极为少见，它和演奏小提琴的姿势有些相似。

娱

八音欢娱
渲染"三月三"

牛腿琴主要用于各种体裁的侗族民歌和侗戏伴奏，也可独奏或合奏。牛腿琴是表演牛腿琴歌、侗族大歌和叙事歌时离不开的伴奏乐器。婚礼上用牛腿琴与琵琶合奏，热烈喜庆的气氛传遍山寨。演奏者可以自拉自唱，或男拉女唱，还可边走边奏。弹唱爱情歌曲时，低音演奏，柔声歌唱，别具韵味。牛腿琴的音色柔细，略带嘶声，音量较小，能与人声、歌声十分密切地结合，有着鲜明的民族特色和浓郁的地方风格。

每年的农历三月初三，广西、贵州等地到处都是歌舞的海洋。在这一天，当地人民会呼朋唤友，唱山歌、看斗牛、品美食、游美景、赏民俗，举行各种各样精彩纷呈的文化旅游节庆活动，为八方宾客奉上规模盛大、全民欢庆、风情浓郁的饕餮盛宴。在贵州，侗族的"三月三"在当地又被称为"播种节"。一种说法是因为农历三月本来就是农忙播种的季节，为了秋季能有好收成，村民们在这个时候祭祀祖先和各路神灵，希望他们能够保佑庄稼顺利成熟。春暖花开的时候，也是男女青年播种爱情种子的时候，他们借此机会相知相识，在歌声和舞蹈中逐渐了解彼此，增进感情。

无论节庆的寓意如何，幸福与欢乐都是永恒的主题，音乐与舞蹈都是不可或缺的重要形式。牛腿琴作为侗族人民的传统乐器，自然不会缺席"三月三"的歌舞盛宴，它低沉委婉的旋律好似陈年的美酒深沉厚重，又如和蔼的长辈讲述着过去的故事，不仅与其他乐器一道抒发着节日的欢乐与喜悦，更是在诉说着其对这片炽热的土地和世代生活在这里的人民深深的眷恋与热爱。

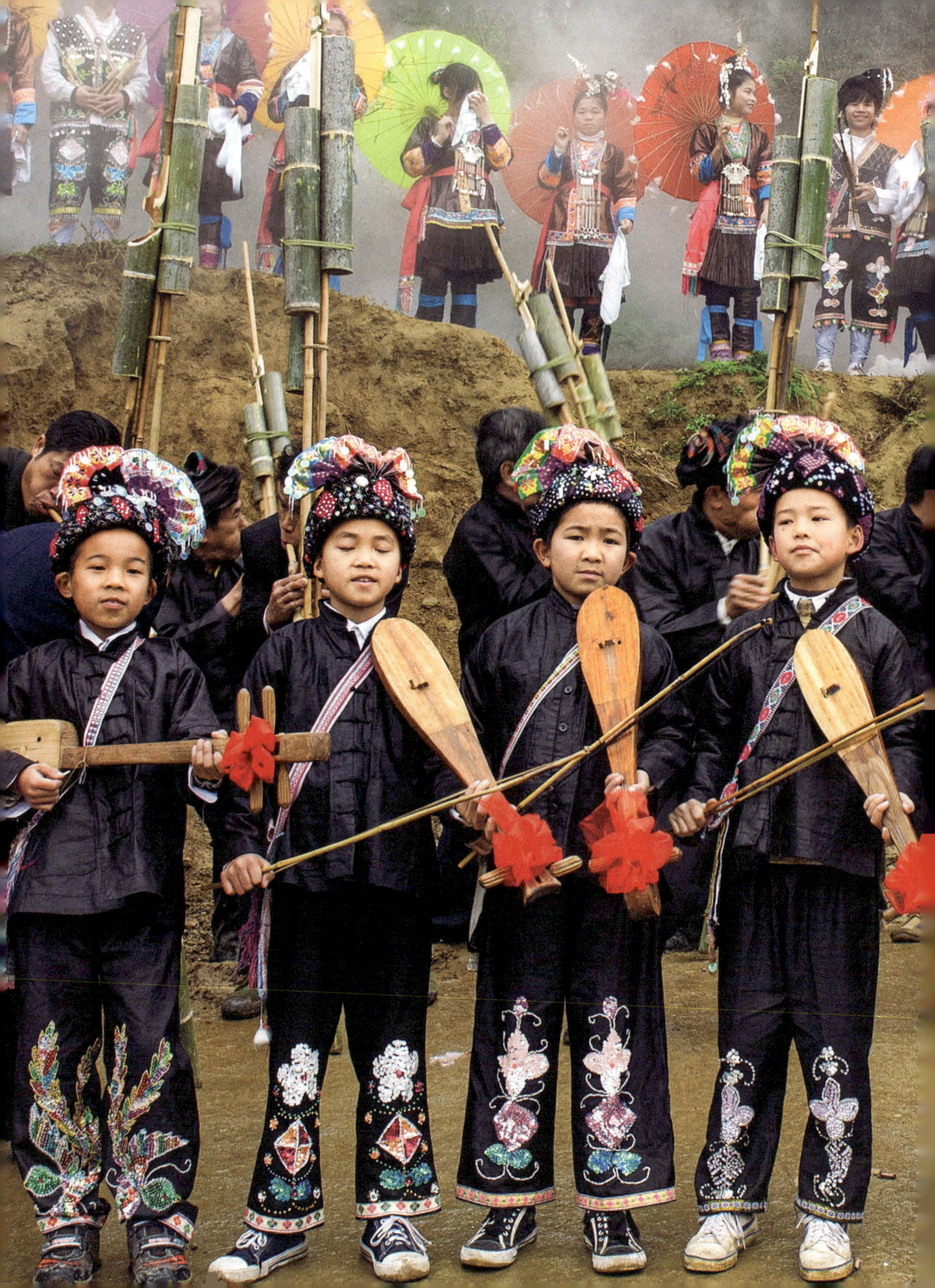

弹奏侗族二弦牛腿琴的少年
胡锦朝 摄

博物馆里的"三月三"　250

京族
独弦琴

京族独弦琴
长101厘米
宽12.5厘米
现收藏于民族文化宫博物馆

娱

八音欢娱
渲染"三月三"

京族独弦琴属于一弦琴。一弦琴的历史可以追溯到古代，经过不断地流传和改进，逐步增加了竹制弦弓和葫芦形共鸣器，最终发展成为现代的京族独弦琴。根据历史文献记载，一弦琴曾在中国古代宫廷乐队中占有一席之地。由于盛唐文化的繁荣以及中原文化的南移，一弦琴也在这一时期传入我国南方。明代嘉靖年间，一弦琴已在广西京族三岛（今广西的沥尾、巫头、山心三地）民间广泛使用，京族称一弦琴为独弦琴。至今，我国南方京族、佤族等民族中还保留有一弦的乐器。

京族独弦琴，也称"瓢琴"，京语称"旦匏"。民族文化宫博物馆馆藏的京族独弦琴，主体为褐色漆木长方形，中空，用多块木板拼合而成，琴的两端落地处呈马蹄形。琴面一端刻有云纹，上插独弦琴摇杆，摇杆下端穿有葫芦形共鸣器。演奏时，拨动琴弦和摇杆，在一根独弦上奏出复杂的乐曲。

我国南方盛产竹材，古代就有用粗大的竹子制作的管形乐器，挑起竹皮为弦（俗称篾弦），用以敲击或弹拨。京族独弦琴的材质有木质、竹质两种。木质独弦琴的琴体多选生长于当地的桐木为原材料，竹制独弦琴的琴体通常取大斑竹为原材料。《新唐书》记载："有独弦匏琴，以班竹为之，不加饰，刻木为虺首，张弦无轸，以弦系顶。"虺，史书中记载的一种毒蛇。独弦匏琴以蛇形作为琴头装饰，与京族独弦琴的民间传说及制作技艺极为相似。

京族独弦琴演奏主要流传于广西壮族自治区东兴市范

围内的京族聚居区，包括京族三岛、东兴市江平镇，以及附近的潭吉、竹山、红坎、恒望、米漏等地。演奏时，右手拨动琴弦，左手调节摇杆的倾斜度，通过弹、挑、推、拉、揉等多种手法奏出泛音和基音。独弦琴的曲调清雅，内容有描绘椰林、大海、山川等自然景观，抒发人的思想感情、展示内心世界。独弦琴的传统独奏曲有《过桥风吹》《高山流水》《骑马》《刘三姐》等。

20世纪50年代开始，新一代京族独弦琴演奏家们对独弦琴做了改良，制作材料选用棕榈木、硬杂木或名贵的红木、紫檀木，琴弦用比较规范的古筝弦、扬琴弦或吉他弦替代，在保持原有特征基础上，大大丰富了演奏技艺和增强了演奏表现力。

京族独弦琴作为一种具有深厚文化底蕴的传统乐器，在"三月三"歌节中，扮演着重要的角色。在每年的"三月三"歌节期间，人们会举行歌舞、祭祀等活动，而京族独弦琴以其独特的音色和演奏方式频繁亮相。在2019年广西举办的"踏歌起舞三月三"活动中，京族独弦琴齐奏《赶海》，通过拨动琴弦再现赶海场景，成为亮点。在2021年"广西三月三·八桂嘉年华"活动中，身着传统服饰的京族的表演者，用独弦琴等乐器在南宁青秀山演奏了《京海情韵》《采珠谣》等民歌，独弦可成曲，一弦出百音，让更多人在"三月三"这个舞台上感受独弦琴的艺术魅力。

253 娱

八音欢娱
渲染"三月三"

京族独弦琴百人弹奏表演
图片来源于东兴市融媒体中心

侗族芦笙

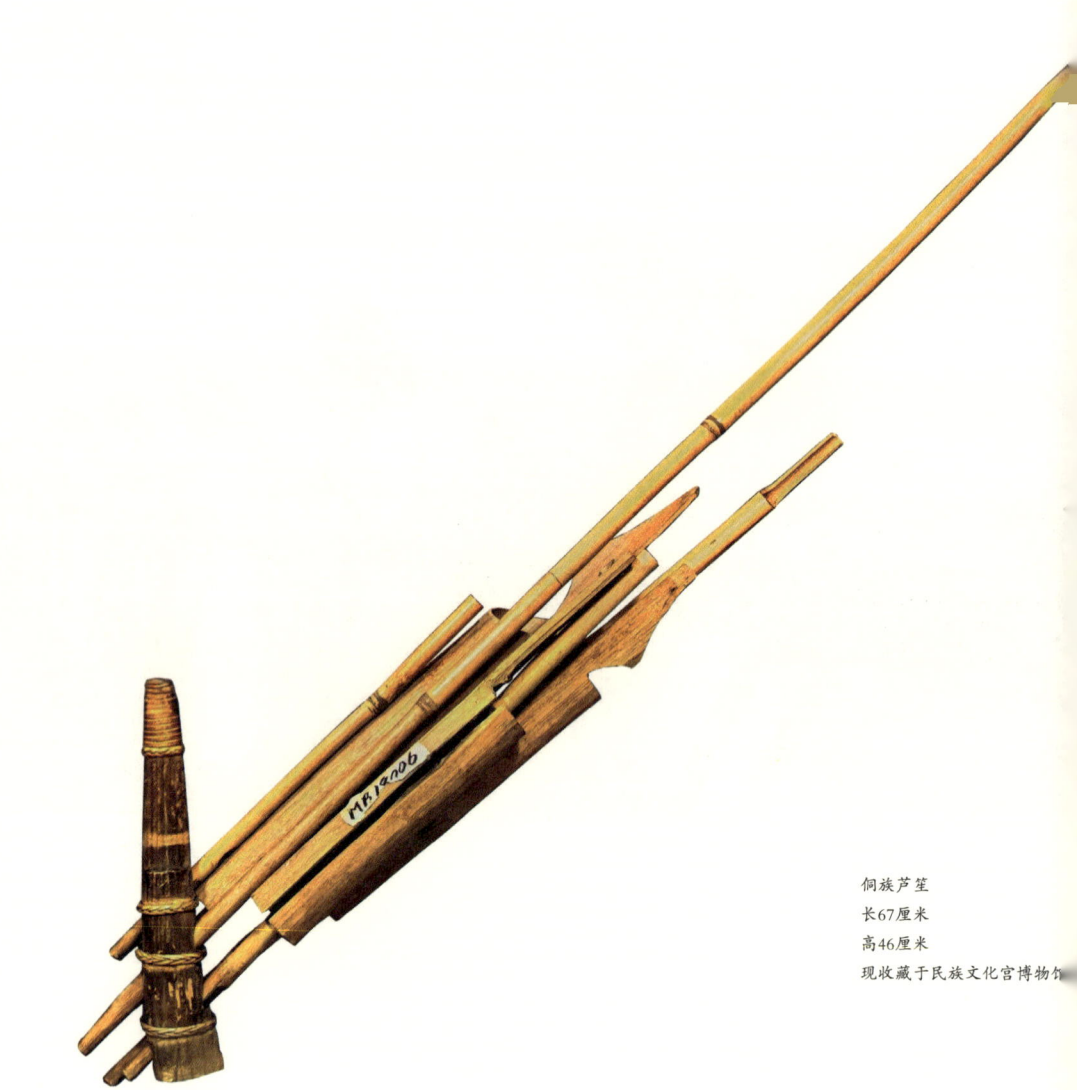

博物馆里的"三月三"

侗族芦笙
长67厘米
高46厘米
现收藏于民族文化宫博物馆

娱

八音欢娱
渲染"三月三"

侗族是我国一个古老的民族，在先秦以前的历史文献中被称为"黔首"的便是侗族的先民。唐宋时代，"黔"的名称演变为"峒"或"峝"，"黔首"也演变成为"溪峒之民"或"峒民"。至今，侗族不少村寨仍保留"峒"这一名称。

芦笙是一种竹管和声乐器，常用于节日和庆典，宋代时已在湘、黔、桂毗连的侗族聚居区盛行。宋代陆游写的《老学庵笔记》卷四记载："辰、沅、靖州蛮，有仡伶……农隙时，至一二百人为曹，手相握而歌，数人吹笙在前导之。"史学界认为，"仡伶"，是侗族自称的汉字记音，"吹笙"即指"仡伶"吹芦笙。

民族文化宫博物馆收藏的侗族传统芦笙通常由楠竹制作而成，分为笙斗、竹管、共鸣筒、吹管、簧片、箍等部件。侗族芦笙根据其社会作用、演奏形式、音响、场合等不同，分为柔声笙和宏声笙两种类型。柔声笙只有一种，其大小、形状与小芦笙相同，不用共鸣，声音较柔和。明代邝露《赤雅》写道："（峒人）善音乐，弹胡琴，吹六管，长歌闭目，顿首摇足，为混沌舞。"这里所指的"六管"即侗族的宏声笙。芦笙在侗族文化中举足轻重，"耶舞辞旧岁，笙歌庆丰年"是流传于侗族地区的一句民谚，体现了芦笙在整个侗族社会中的地位和功能。每个侗族寨子至少有一支芦笙队或笛笙乐队。男子吹奏传统乐器芦笙时，需穿侗族特有的芦笙服。

芦笙服是广西三江侗族在"踩堂"时的仪式着装。"踩

博物馆里的"三月三"

侗族芦笙服
衣长70厘米
现收藏于广西民族博物馆

娱

八音欢娱
渲染"三月三"

堂"俗称"芦笙会""芦笙舞",现成为侗族民间主要娱乐项目,与抢花炮、斗牛、斗马、对歌等成为侗族"三月三"活动中的重要内容。广西民族博物馆收藏的三江侗族芦笙服主要由黑布头巾、右衽贴布绣大襟衣、彩色带裙、黑色或白色长裤和黑色绑腿组成。芦笙服因多在节庆日吹芦笙时候穿着而得名,是侗族男子的特殊礼服。男子把黑布折叠成长条状裹头,丝穗一段置于侧边耳畔。芦笙衣为右衽大襟直袖形制,袖身有多道织花带贴缝,衣身下部前后有大面积的贴布绣、叠绣等技艺拼缝而成的色彩绚烂、繁缛规整的几何花卉纹样,并在下摆处缝缀白色羽毛串珠吊穗。下穿白色或黑色长过膝的裤子,小腿缠黑色绑腿,缠束时注意三角绣片置于腿正面。裤子外套由侗锦、刺绣花片、白色羽毛、串珠等组成的彩色带裙。广西民族博物馆收藏的此套芦笙服是衣身和带裙分离的早期款式,随着时代的变化,当下广西三江侗族的芦笙服直接在下摆处缝缀原来彩色带裙的花飘带,同时增添了串珠和毛羽的装饰,使得上下成为一体,方便穿戴。

　　芦笙服结构繁杂,做工精细,尤其是衣身层叠繁缛的叠绣花纹和带裙上精美的织锦、刺绣的装饰显然绝不是一般侗族群众能使用的,推测原是古代侗族先民的部落首领在沟通天地神灵祭祀活动上的着装,这与芦笙舞源于春耕前的祭祀仪式相互印证。从博物馆保存至今的历代芦笙衣藏品考证,套在裤子外的彩色带裙是草条式或叶片式的拼联结构,可能是原始时代用树叶、草秕串结成衣围住下身的遗风。《后汉书·南蛮西南夷列传》记载:"镂体卉衣,凭深阻峭。"李贤注:"卉衣,草服也。"可见芦笙服承载了丰富的历史文化信息。此外,头巾、衣身下摆、彩色带裙缝缀的白色羽毛装饰使得整套服饰显得更为华丽。羽毛装饰源自古越人对鸟、对太阳的崇拜,芦笙服上的白色羽毛装饰,不仅是对自然的敬畏,也是对祖先的敬仰。当芦笙吹起,芦笙舞跳起的时候,也为盛大的"芦笙会"增添了与天地共舞的灵动。每年的"三月三",当身着芦笙服的侗族男子吹响芦笙的时候,花飘带、羽毛串珠吊穗等随着侗族男子的走动轻轻飞扬，烘托了节庆的气氛。

　　侗族的"三月三"又名"播种节""花炮节"。侗家传说，古时他们总是以桐树开花时为插秧的时间。但有一年桐树没有开花，结果误了农时，导致收成不好，人们只好逃荒。为吸取过去的教训，每到"三月三"的时候，侗族男子吹响芦笙、女子唱歌舞蹈，共同走访亲友，并相互提醒该忙农事了。民族学考证，侗族和壮族一样，都是传统的农耕稻作民族，为了劝民适时耕种，不误农时，侗族各村寨会从每年农历三月初三开始，连续三天举行各种民俗娱乐活动，包括舞春牛、放花炮、踩芦笙，还有走亲串寨等，都是为了相互提醒将要开始的农时播种，基于此"三月三"也就有了"播种节""花炮节"的叫法。在上述的活动中，芦笙舞是重要的内容，也有其发源于春耕前祈祷风调雨顺、五谷丰登和祭祖仪式的考证。无论传说或是考证，芦笙、芦笙服、芦笙舞都与"三月三"民俗之间产生了密不可分的关系。

　　如今，"芦笙会"已经成为"三月三"重要的娱乐活动，并且在活动中产生了"赛芦笙"的竞技项目，当成百上千个不同型号的芦笙围成圆形层层排列，方圆数十里的上百个村寨的男女青年都踊跃参加，观众达上万人，盛况空前。

259 娱

八音欢娱
渲染"三月三"

瑶族黄泥鼓

黄泥鼓（母鼓）
鼓面直径32.8厘米
鼓身长75厘米
现收藏于民族文化宫博物馆

黄泥鼓具有悠久的历史。据传，它是为了祭祀瑶族祖先盘王而制作的。传说，瑶族祖先盘王是一位智勇双全的英雄，国家兵败将亡之际，他勇闯敌营，猎杀敌首，力挽狂澜，辅佐王室，保卫人民。国王嫁三公主于他，封王授爵，后人称其盘王。盘王婚后携公主隐居深山，生六男六女，成为瑶族之源。不幸的是，盘王上山打猎时因被山羊撞下山崖而罹难。儿女们在崖下泡桐树上寻得盘王遗骸，悲痛欲绝，遂把泡桐树砍下，分别制成公鼓和母鼓的鼓身，并用山羊皮制作鼓面，然后糊上黄泥浆，调音降噪，拍鼓起舞悼念盘王。此后，跳黄泥鼓舞成为祭祀盘王活动的一项重要内容。

盘王的传说代代相传，黄泥鼓的文化传承绵延不绝。据考证，云冈石窟的腰鼓造型与瑶族黄泥鼓同属一源。宋元明清史料中也

黄泥鼓（公鼓）
鼓面直径一侧长19厘米
另一侧长17.5厘米
鼓身长98厘米
现收藏于民族文化宫博物馆

娱

八音欢娱
渲染"三月三"

多有瑶族使用腰鼓的记载，特别是明代大儒顾炎武在《天下郡国利病书》中，更是明确地记述了当时居住在湖南的瑶族使用腰鼓的情况。

收藏于民族文化宫博物馆的这两件黄泥鼓，鼓身木质。母鼓漆枣红色，鼓腰略细，鼓身饰两道回字纹，鼓面两端蒙皮，1986年征集于广西。公鼓漆黑色，腰身更为细长，也是两端蒙皮，鼓面直径一侧长19厘米，另一侧长17.5厘米，是20世纪50年代广东连南瑶族人民敬献给毛泽东主席的礼品。黄泥鼓因用黄泥浆糊鼓面定音而得名，是瑶族人民喜爱的民间乐器。

作为瑶族文化的标志和象征之一，黄泥鼓在传承中不断演变。在瑶族群众的生活中，黄泥鼓从最初隆重祭祀祖先的圣物，逐渐成为各类庆典活动的必备用具。当然，黄泥鼓也会被当作馈赠的重要礼品。在演奏方式上，也由早期一个母鼓和两个公鼓组合演奏，演变成现在的一个母鼓和多个公鼓组队演奏。凡逢年过节、师公活动、喜庆丰收、祭祀祈祷或丧葬斋事等，瑶族人民都要演奏黄泥鼓，跳黄泥鼓舞。"三月三"是瑶族人民一年中的重大节日，黄泥鼓在这一节庆活动中既是歌舞的伴奏乐器，又是舞蹈的道具，扮演着举足轻重的重要角色。

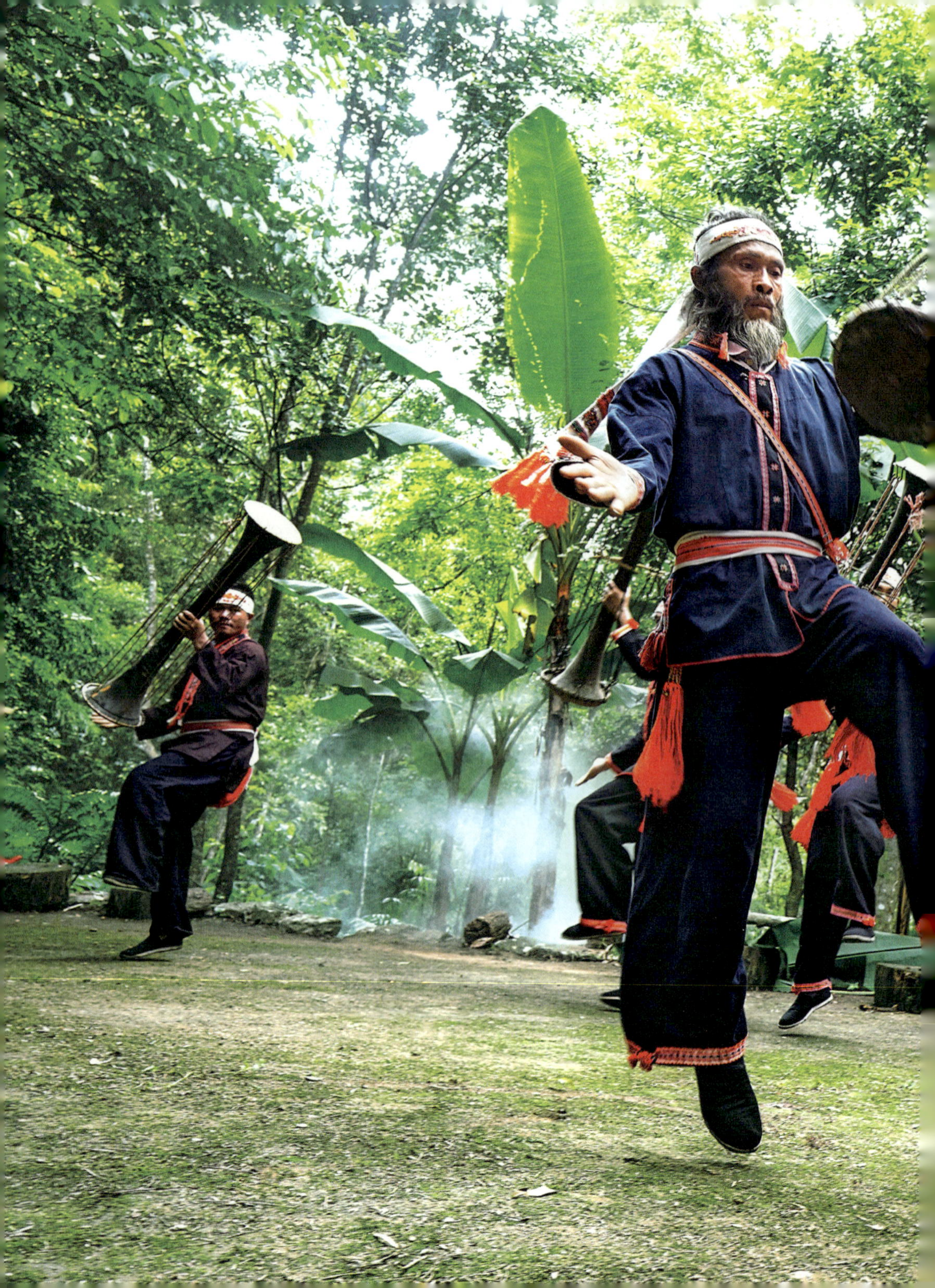

广西金秀瑶族黄泥鼓表演 胡锦朝 摄

文狮面具

博物馆里的"三月三"

264

文狮面具
高22厘米
宽38厘米
狮身全长215厘米
现收藏于民族文化宫博物馆

狮舞，寄托中华儿女祈求吉祥、消除灾害的美好愿望。狮子原产于非洲和亚洲西部，而非中国本土的物种。《后汉书·帝纪》记载："月氏国遣使献扶拔、师子。"《后汉书·班梁列传》记载："月氏尝助汉击车师有功，是岁贡奉珍宝、符拔、师子，因求汉公主。"由此可知，狮子在汉代已由西域进献到中国，而且以"师子"记之，狮子这种殊方异兽也以一个外来音译词进入了汉语体系。又根据佛经记载，释迦牟尼出生时一手指天，一手指地，做狮子吼状，云"天上天下，唯我独尊"。因此在古代，狮子代表着庄重威严，是可驱邪避凶的瑞兽。伴随着佛教在我国的深入传播，狮子越来越得到了广大民众的青睐，借以表达人们向往美好和平生活的愿望。

有关狮舞的记载，最早见于《汉书·礼乐志》，其中提到"象人"，"象人"就是扮演鱼、虾、狮子的艺人。三国时期起，我国先民创造了模拟狮子行为的舞蹈，南北朝时期开始流行，后一再加以改进和发展，逐步成为中华民族的一门独特狮舞艺术，是中国传统百戏杂耍的重要组成部分。狮舞又称"狮子舞""狮灯""舞狮""舞狮子"，在春节等节日庆典活动中频繁出现，通过热闹欢快的表演寄托中国人祈求吉祥、消除灾害的美好愿望。中国各地的狮舞形态不尽相同，地域特色十分鲜明。一般分南狮、北狮两大类：南狮矫健凶猛，多表演高难技巧；北狮娇憨可爱，多以嬉戏玩耍为表演内容。狮舞多以打击乐器伴奏，音响高低起伏，抑扬顿挫，与狮舞动作紧相配合。狮舞有"文狮""武狮"两种形式。"文狮"侧重娱乐。"武狮"注重武功，有跳跃、跌扑、腾翻、直立、盘桥探海、走梅花桩、窜桌子、爬梯、走索、叠罗汉等技巧，主要表现狮子威武、勇猛矫健的特点。

广西壮族的狮舞以田阳狮舞历史最悠久。据史料记载，在明嘉靖三十四年（1555）十月，壮族抗倭英雄瓦氏夫人率军东征抗倭，获胜后回到田州（今广西百色田阳区）时，壮族父老乡亲曾组织传统的狮舞表演，欢迎从前线立功归来的英雄，群狮齐舞，人头攒动，盛况空前，自此田阳壮族狮舞开始闻名。到清代，狮舞已经成为广西民间常见的一项体育娱乐活动。壮族狮舞的狮头较大且圆，额位宽，饰有红、黑、黄脸造型，以竹篾、纸制作而成。狮背上饰有各种图案，狮头与狮背相连。狮身用棕、麻编成，狮子色彩艳丽，黄、黑、红、青、白，象征着喜庆、吉祥。狮舞的配乐主要以锣、鼓、钹等三种敲击乐器为主。狮舞主要由"群狮迎宾""双狮戏球""凤凰台狮技""瑞狮争艳""楼台跳桩""三狮戏楼台""金狮采莲""狮子过天桥""刀尖狮技""高桩飞狮""五行台狮技""金狮雄风""狮子上金山"等套路节目组成。宋代钱易所著《南部新书》记载："五方师子本领出在太常……傩日如方镇大享……"可见狮子舞在唐代已经用于驱傩仪式中。

壮族、瑶族的"三月三"，是祭祀祖先、倚歌择配的传统节日。在这一天，壮族民众会在祖神庙里请师公做法事，祭祀祖神；各地都会举办文化活动。其间，师公戏中的狮舞表演是不可或缺的一环。而瑶族民众则会参加由师公举行的"跳盘王"活动。

在漫长的历史发展中，我国各民族在文化上不断交往交流交融，为开创中华民族悠久的历史，丰富和发展中华民族灿烂多姿的文化，作出了积极的贡献，"三月三"这一多民族共有的文化盛宴，对促进民族的团结和融合，产生了积极的作用和影响。

娱

八音欢娱
渲染"三月三"

瑶族木陀螺

瑶族木陀螺
直径9厘米
高10厘米
现收藏于广西民族博物馆

广西瑶族陀螺，木制，形状略似海螺的倒圆锥形，分上下两层，顶点安一铁钉，使用时用绳子缠绕，抛出去之后用力抽绳，使其以陀螺钉为轴心旋转。瑶族木陀螺广泛流传于广西南丹瑶族聚居区。

在南丹瑶族聚居区，打陀螺最早应用于传统的狩猎活动，后来逐渐演变成为一项民间体育项目。每当节日来临，当地影响力最大、最传统的活动项目就是打陀螺。南丹瑶族的陀螺都是选用当地木质坚硬的木材修制而成，头平、脚矮，比其他圆头高脚型陀螺旋转得更持久且更抗打击。与其他民族依靠鞭抽打陀螺的玩法有很大不同，南丹瑶族打陀螺靠玩者的腿、腰、胯等发力操控绳索，使陀螺旋转。比赛时一方用绳索将陀螺旋放在指定位置上，另一方则在线外，拿陀螺瞄准正在旋转的对方陀螺，击中就宣告胜出。打陀螺比赛除了"比准"，还要"比旋"：比赛双方同时旋放陀螺，陀螺旋转时间最长的为胜者。技艺高超者还可以将陀螺放在手上旋转，进行表演。

传统的陀螺用硬木制成，常见的有番石榴干、龙眼木、樟木、

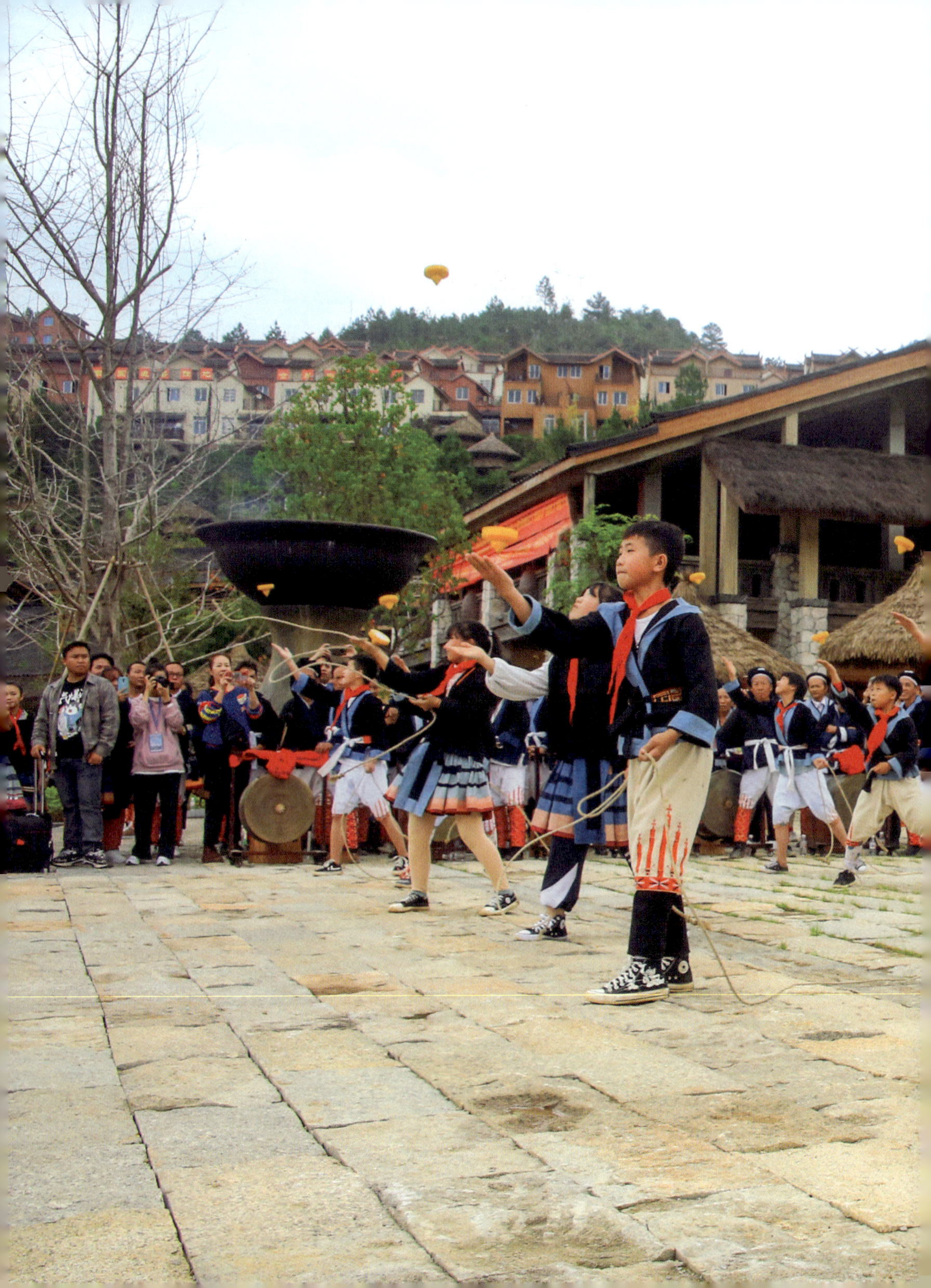

广西南丹县移民安置新区内的打陀螺表演
廖庆凌 摄

瑶族木陀螺

红木、枧木、柚木、青冈栎木、马缨花木等。制作陀螺时，先将事先准备好的硬木用锯子锯平或用刀削平其中一端，去皮，以削平的一端为上方，用刀由上往下将树木削成圆柱体，再从下端三分之一处依中轴线削成圆锥体，并在圆锥体的尖端揳入铁钉，以减少旋转过程中地面对陀螺的磨损。与陀螺配套的还有陀螺杆和陀螺线，在陀螺杆的头部系上陀螺线。陀螺杆是旋放、抛掷陀螺时控制准度的主要工具。陀螺线一般用麻线或棉线做成，一头较粗而另一头较细。根据不同的需求，陀螺的大小、形状不一，有的陀螺还被涂上红、绿、蓝、黄等颜色，非常具有民族特色。

陀螺是中国民间最早的娱乐工具之一。考古工作者在公元前5000年左右的河姆渡遗址发掘到陀螺42个，其中木质陀螺38个、陶制陀螺4个，其形状与现在的陀螺基本相似。专家认为打陀螺是河姆渡人的娱乐活动方式之一。"陀螺"这一名词最早出现于明朝，明朝《帝京景物略》中记载："陀螺者，木制，如小空钟，中实而无柄，绕以鞭之绳而无竹尺，卓于地，急掣其鞭。一掣，陀螺则转，无声也。视其缓而鞭之，转转无复往。转之疾，正如卓立地上，顶光旋旋，影不动也。"不过，在此之前的宋朝苏汉臣的《婴戏图》中，即已见此类玩具，形态与今之陀螺极为相似。由此可知早在宋代，陀螺可能已在中原地区流行。民国之后，打陀螺风尚转向民族地区。今天，打陀螺已经成为广西、贵州、云南等民族地区一项较为普遍的群众性的传统体育活动。

陀螺轻便易带，操作技术容易掌握，场地要求不高，比赛形式多样，兼具较强的对抗性、技巧性、趣味性特点，老少皆宜。1995年，打陀螺首次被列为全国少数民族传统体育运动会竞赛项目；2003年更名为"陀螺"。其种类除了全国民运会上的竞技陀螺，还有花样陀螺、铜鼓陀螺、蘑菇陀螺、云南陀螺、鞭抽陀螺、罗汉陀螺等。2021年，打陀螺以其特殊文化价值和社会功能，以及深厚的历史底蕴和广泛社会影响，被列入第五批国家级非物质文化遗产代表性项目名录。

每逢"三月三"传统佳节，聚居在广西河池市南丹县和贵州省黔南布依族苗族自治州荔波县的瑶族群众在祭祖、打铜鼓、走亲访友之余，常开展赛陀螺活动。不论儿童、青年还是老人都会身着民族服饰，带上精心制作的陀螺，兴高采烈地参加打陀螺比赛。在云南普洱，景谷县及大部分县区的彝族、傣族、哈尼族群众也会带上心爱的陀螺进行打陀螺比赛。在广西防城港市峒中镇，壮、汉、瑶等各族群众热衷于组织打陀螺比赛，这是当地最具特色的民俗体育项目之一。

博物馆里的"三月三"　　272

壮族木制板鞋

壮族木制板鞋
长111厘米
宽8厘米
现收藏于广西民族博物馆

娱

八音欢娱
渲染"三月三"

板鞋是我国南方地区普遍使用的一种生活用具,即用两块木板制成的木板拖鞋。本文展示的是一对广西壮族木制板鞋。板鞋木制,长条形,漆红色,两端及中部粘有花朵,侧面贴卷云纹金边。板鞋是广西壮族民间传统体育项目必备的运动器具。

板鞋起源于明代,最初是以三米多长的宽竹片对折夹绑在二至三人的脚上,是明清时期当地土司用以束缚奴隶的刑具,叫作木枷锁。明嘉靖年间,倭寇侵犯江浙沿海,明朝在广西征调俍兵,瓦氏夫人请命应征。为培养士兵们的集体观念,那地州(今广西壮族自治区南丹县西南)土司罗武杰下令用木枷将新兵的双脚夹住,三人连成一伍,九人排成方队"齐步"跑,这种独特的训练方式使士兵们步调一致、同心协力、勇猛顽强,为平倭寇立下了功劳。从此,三人木枷练兵法流行于民间,演变成三人穿板鞋比赛。三人穿板鞋比赛经过艺术加工,又发展成为广受人们欢迎的板鞋舞。现代的板鞋舞糅合了更多的壮族民间文化元素。借助道具的敲打和音乐的伴奏,表演者常身着民族服饰表演生产劳动中耕锄肩挑的动作、军事斗争中耍刀弄棍的动作、彩调剧中各种舞扇的动作等,或诙谐搞笑,或催人上进,成为民族节庆活动的保留节目。其新颖独特的表演及诙谐的情趣常引得观众们开怀大笑,掌声和笑声响成一片。

20世纪80年代,板鞋竞技运动逐渐流行。2005年,国家民委、国家体育总局批准将板鞋竞速列为全国少数民族传统体育运

动会的正式比赛项目。2007年第八届全国少数民族传统体育运动会，首次将板鞋竞速列为正式比赛项目。板鞋竞速（分男子三人板鞋、女子三人板鞋和三人板鞋混合接力）被列为14个正式比赛项目之一，标志着壮族民间体育项目三人板鞋竞速逐步走向全国，为丰富中华传统体育文化作出了积极贡献。

板鞋竞技运动集群众性、娱乐性和竞技性于一体，需要多人完成，且参赛者需要有较好的身体协调性和柔韧性。在比赛中，参赛者的双脚连接于木板之上，在大跨步的跑动和后蹬时，每个人的节奏、步长、频率、动作弧度都要严格一致，只有达到最佳的默契才能取得胜利。板鞋竞技运动是一项技巧强、负荷大、内容多、趣味强的综合性运动，无论是参与人员还是观众都会情绪高涨，能极大地调动参与人员的积极性，起到强身健体的作用。

"三月三"集会活动中，板鞋运动起到传承文化、凝聚民心的作用。在农历三月初三这一天，壮族人民家家户户做五色糯米饭，染彩蛋，并在离村子不远的空地上举行歌节集会。板鞋运动也与"三月三"节日紧密相连，成为"三月三"节日的代表性项目之一。在"三月三"的民俗体育活动中，与板鞋相关的娱乐活动丰富多样，吸引了大量游客参与其中。在板鞋舞蹈、板鞋竞速、板鞋抢粽子、板鞋踩气球、板鞋抛绣球、板鞋采香包、板鞋秧歌舞、板鞋戏水等各种具有浓郁民族特色和生活情趣的板鞋运动中，游客有机会接触并参与文化交流体验活动。各族人民同穿一双长长的板鞋，步伐整齐划一，齐心协力勇往直前，在欢声笑语和高涨的情绪中建立起相互尊重和团结友爱的关系。

275　娱

八音欢娱
渲染"三月三"

壮族板鞋舞表演
韦浩 摄

博物馆里的"三月三"

276

壮族绣球

壮族绣球
直径22厘米
重量1200克
现藏于云南民族博物馆

娱

八音欢娱
渲染"三月三"

早在2000多年前的战国时代，在广西左江及其支流明江两岸的峭壁上画有一些人像，手上挂着一圆形物，看似当时用以甩投的古兵器"飞砣"，"飞砣"当时多在作战和狩猎中应用。秦始皇统一岭南后，给广西带来了中原较为先进的文化和生产技术，岭南逐步走向稳定，勤劳而富有智慧的壮族先民对"飞砣"进行改造，把作为战争武器的"飞砣"改制成"布囊"，即"绣球"。"抛飞砣"的战争狩猎行为也就演变为抛绣球活动，并且在今天发展成为少数民族运动会中一个有趣的竞技比赛项目。

在浩如烟海的古籍文献中，关于抛绣球的民俗活动亦有不少记载。宋代周去非《岭外代答》载："上巳日男女聚会，各为行列，以五色结为球，歌而抛之，谓之飞驼。男女目成，则女受驼而男婚已定。"宋代朱辅《溪蛮丛笑》曰："土俗岁节数日，野外男女分两朋，各以五色彩囊豆粟，往来抛接，名曰飞砣。"清嘉庆《广西通志》记载："溪峒……当春日载阳，男女互歌谓之浪花，又谓之跳月。男吹芦笙，女抛绣笼。绣笼者，彩球也。回旋蹈舞，歌意相洽，即投之报之，返而约聘。"清代末年的壮族文人黄敬椿亦曾有《风土诗》吟道："斜阳门巷破萧条，姐妹相从孰最娇。好把飞球空里掷，迎来送去赏花朝。"从文献的记载可知，"抛绣球"与"上巳节""山歌""男女定情""赏花"等息息相关，是"三月三"中的重要内容。

绣球与铜鼓、山歌都是壮族传统优秀文化的代表，是"三月三"节日不可或缺的重要组成。

抛绣球是"三月三"的传统活动之一。在歌圩会场上，一个用彩布制成的小圆球成为未婚男女青年表达爱意的吉祥之物。通常，男方将绣球抛向女方，女方接到绣球后将其放在自己的帽檐上或腰带上，表示接受男方的爱意。如果女方将绣球抛回给男方，则表示拒绝或尚未准备好接受男方的爱意。

壮族绣球多以红、黄、绿三色做底及面料，多为十二瓣布片，象征着一年中的十二个月，寓意岁岁平安、月月团圆。每瓣布片绣上中华民族共有共享的吉祥纹样，如梅、兰、竹、菊等植物图案，喜鹊登梅、龙凤呈祥、鸳鸯戏水等动物图案。

壮族绣球的制作工艺精巧复杂，充分体现了壮族人民的心灵手巧。制作绣球的第一步是挑选合适的布料。通常会选用色彩鲜艳、质地柔软的绸缎或棉布作为主要材料，这些布料不仅手感舒适，而且能够更好地展现出绣球的色彩和光泽。接着，根据绣球的大小和设计要求，将布料裁剪成若干相同大小的圆形或多边形布片。在裁剪好布片之后，进行刺绣。壮族妇女们擅用平绣、贴绣、堆绣等刺绣技法，在布片上绣出各种精美的图案。刺绣的针法细腻而均匀，线条流畅而自然，每一针每一线都倾注了壮族妇女们的心血和情感。把十二片绣好的布片依次缝合在一起，形成一个球形。在缝合的过程中，要注意布片之间的紧密程度和缝合的平整度，确保绣球的形状规整。然后，要在绣球内部填入填充物。传统的填充物多为棉花、谷壳等天然材料，这些材料既轻便又环保，能够使绣球具有一定的弹性和柔软度。填充时要掌握好填充量，不宜过多或过少，以保证绣球的饱满度和手感。最后，在绣球的表面添加一些装饰元素。通常会在绣球的底部和布片间缝上彩色的丝线穗子，穗子的长度和颜色可以根据个人喜好进行选择。丝线穗子随风飘动，为绣球增添了几分灵动之美。此外，还会在绣球上系上一根彩色的绸带或绳子，方便抛掷和悬挂。有些精美的绣球还会在表面镶嵌一些珠子、亮片等装饰品，使其更加光彩绚丽。

广西靖西市旧州绣球

梁汉昌 摄

古往今来，绣球是中华民族文化中的瑰宝。绣球不仅是节庆活动时的重要物件，还是青年男女传情达意的吉祥物。如今，抛绣球已发展成为一项民族传统体育运动，它连接着各族儿女，展现大家对美好生活的向往与追求。

博物馆里的"三月三"

281　娱

八音欢娱
渲染"三月三"

广西三江侗族自治县
幼儿园举行"三月三"民俗主题活动
龚普康　摄

博物馆里的"三月三"

282

彩调剧本《刘三姐》

彩调剧本《刘三姐》
纵18.4厘米
横13厘米
现收藏于中国现代文学馆

娱

八音欢娱
渲染"三月三"

唱山歌，

这边唱来那边和，

山歌好比春江水，

不怕滩险弯又多。

这段悠扬的旋律，宛如一把钥匙，瞬间打开了人们记忆的大门。只要看过经典电影《刘三姐》的人，脑海中必定会浮现出影片里那令人难忘的场景：翠竹摇曳的漓江江畔，刘三姐与众人即兴作歌，你来我往，歌声此起彼伏，婉转的旋律在山水间回荡。

在电影构建的奇妙世界里，广西被描绘成了一片歌的海洋，刘三姐，则是这片歌海的源头。正如歌中所唱："如今广西成歌海，都是三姐亲口传。"她宛如一位音乐的使者，将美妙的山歌传遍八桂大地，让山歌文化在这片土地上生根发芽，茁壮成长。刘三姐的故事，不仅是传奇，更是壮族山歌文化的生动写照，它承载着一个民族的历史与情感，历经岁月的洗礼，愈发熠熠生辉。

广西人民出版社于1960年7月出版的《刘三姐》一书，是在当时彩调剧《刘三姐》取得巨大成功的背景下推出的。作品讲述了刘三姐用她的智慧和歌声与地主恶霸进行斗争，维护自己和乡亲们的自由和幸福生活的故事。地主莫怀仁欲占刘三姐为妾，三姐坚决不从，莫怀仁便为难三姐和乡亲们，但三姐凭借着自己的才华和勇敢，用歌声一次次地挫败了莫怀仁的阴谋。书中充满了对歌、斗歌的精彩情节，展现了刘三姐的机智、勇敢和对自由、对美好生活的追求。

刘三姐传说起源久远，其历史可以追溯到唐宋时期。据研究，刘三姐还被称为刘三妹、刘三姊、刘三娘、刘三妈、刘三姑、刘三女太、刘三太等。刘三姐的故事主要流传于广西、广东、湖南、江西、台湾和香港等地。壮族、汉族、瑶族、苗族、侗族、仫佬族、毛南族等都有刘三姐的故事流传，她是很多民族共同的经典地域形象。

在宋代文人的记载中，刘三姐是广西一带一位传说中的壮族美丽女子，因擅长编唱山歌，被奉为"歌神""歌仙"。据《罗城仫佬族自治县志》记载：刘三姐出生在天河县（今广西罗城仫佬族自治县四把镇）的蓝靛村。传说中，刘三姐聪明善良，能歌善唱，她的歌声能够打动人心，传递情感。她与秀才张伟望对歌的故事更是广为流传，展现了她的智慧和勇气。随着时间的推移，刘三姐的传说不断演变，融合了更多的民族文化元素，成为广西文化的重要组成部分。

20世纪五六十年代，刘三姐的传说迎来了重要的发展阶段，首先是彩调剧《刘三姐》。随后，刘三姐的故事又被长春电影制片厂搬上大荧幕。电影《刘三姐》在保留彩调剧《刘三姐》的基本情节和人物形象的基础上，通过电影的艺术表现手法，更加生动地展现了刘三姐的美丽形象和动人歌声。桂林山水如诗如画，与刘三姐的歌声相得益彰，给观众带来了美的享受。电影《刘三姐》上映后，迅速风靡全国，成为经典之作。

"三月三"，又称"歌仙节"，相传是为纪念刘三姐而形成的民间纪念性节日。节日期间，除传统的歌圩活动外，还要举办抢花炮、抛绣球、碰彩蛋及演壮戏、舞彩龙、擂台赛诗、放映电影、表演武术和杂技等丰富多彩的文体娱乐活动。另外，各种商业贸易、投资洽谈等活动亦逐渐增加，形成"文化搭台，经济唱戏"的新风尚。

285 娱

八音欢娱
渲染"三月三"

对歌是"三月三"歌节的重要活动，男女青年在野外玩耍，互相对歌，尽兴交往。在歌圩上，来自各村各屯的男女青年，三五成群，集体对唱山歌。通常由男青年主动先唱"游览歌"，遇到心仪的对象便唱"见面歌"和"邀请歌"。如女方应答，就唱"询问歌"。彼此互相了解后，再唱"爱慕歌""交友歌"；分别时则唱"送别歌"。所有山歌即兴性强，歌词随唱随编，和场景贴切，亲切、自然、感人。一番对歌后双方建立了一定的感情，相约下次再会。

广西的歌圩是刘三姐文化的重要体现，展现了广西人民的热情好客和对生活的热爱。如今，广西的歌圩依然活跃，成为展示广西民族文化的重要平台。近年来，在桂林阳朔演出的大型山水实景剧《印象·刘三姐》成为广西民族文化的一张亮丽名片，不仅吸引了大量的游客，也为广西的旅游业发展作出了积极贡献。

如今，刘三姐的故事承载一代又一代广西人的美好记忆，在不断创新中绽放出新的时代色彩。

彩调剧《新刘三姐》剧照
粟俊 摄

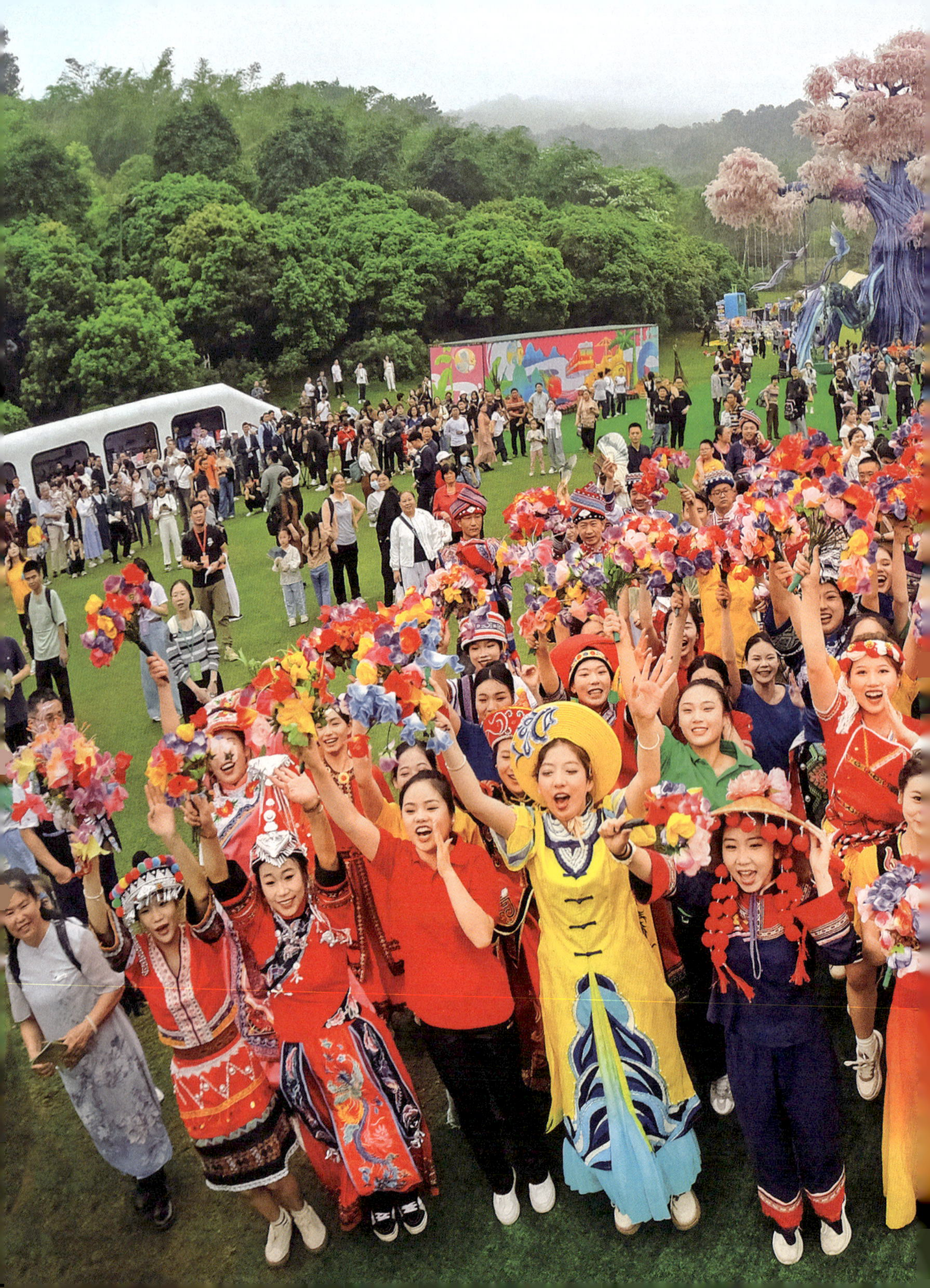

广西南宁青秀山"广西三月三·八桂嘉年华"主会场活动中,各族群众欢聚一堂,载歌载舞
周军 摄

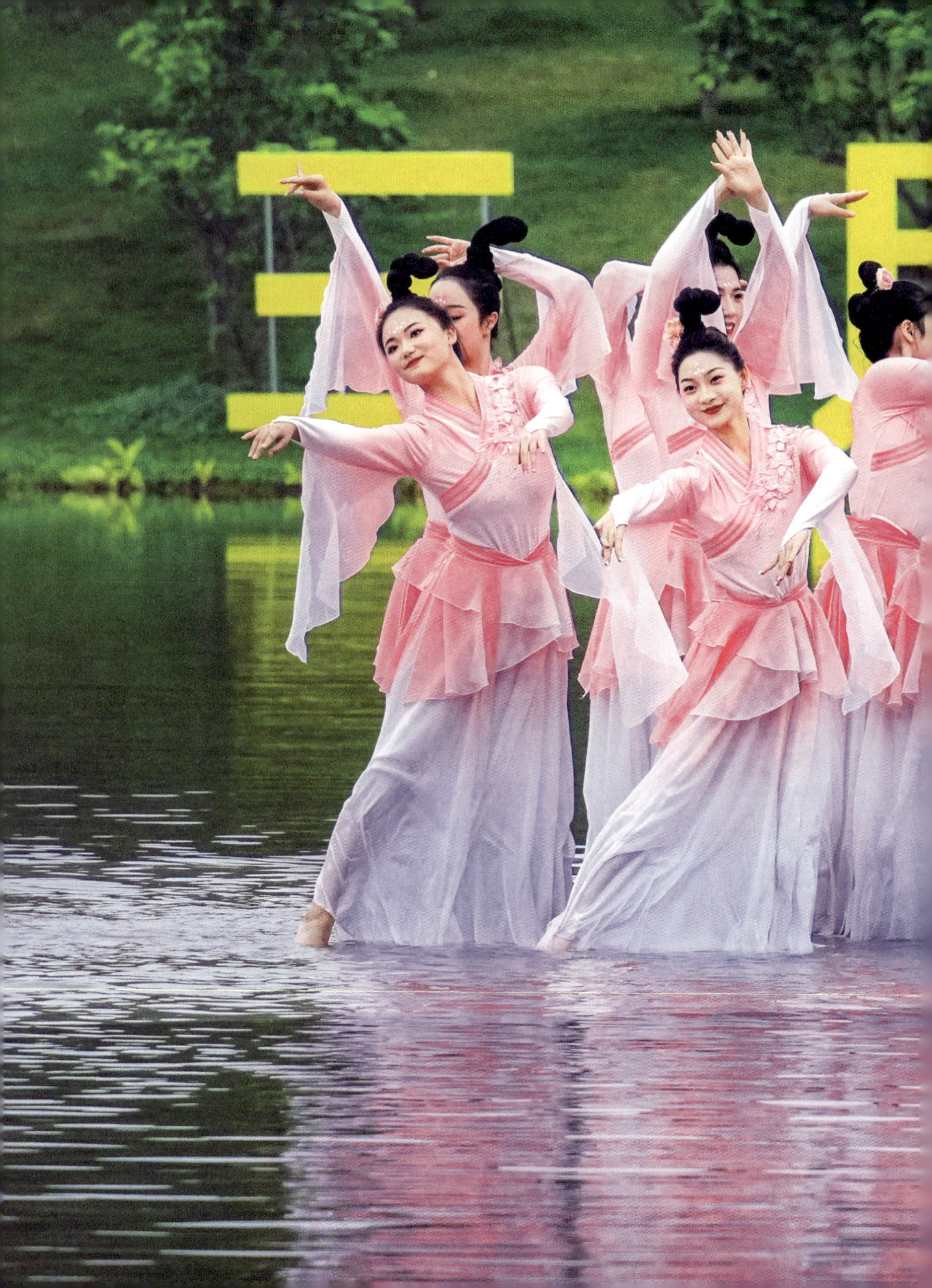

广西南宁青秀山"广西三月三·八桂嘉年华"
主会场活动中，演员们表演舞蹈《拂柳》
周军 梁凯昌 徐天保 摄

参考资料

范晔：《后汉书》，中华书局，1999。

沈约：《宋书·礼志》，民国二十二年涵芬楼影印本。

刘恂：《岭表录异》，四库全书馆，1868。

房玄龄：《晋书·王导传》，民国二十三年涵芬楼影印本。

乐史：《太平寰宇记：一百六十三卷》，中国数字方志库。

周去非：《岭外代答》，中华书局，2012。

王楙：《野客丛书·上巳祓除》，明刻本。

邝露：《赤雅·卷一》，中华古籍资源库。

刘侗、于奕正：《帝京景物略》，北京古籍出版社，1983。

屈大均：《广东新语》，中华书局，1985。

张廷玉：《明史·卷二百一十二 列传第一百》，中华书局，1974。

汪森：《粤西丛载》，载《嘉庆广西通志》卷八七《舆地略八·风俗一》，光绪十七年桂垣书局补刊本，广西壮族自治区博物馆藏本。

中国国家博物馆编《中华文明》，中国社会科学出版社，2010。

于省吾：《甲骨文字诂林》，中华书局，1996。

张显成、唐强、何义军：《"巴"字源流考》，载《汉语史研究集刊（第三十四辑）》，四川大学出版社，2023。

齐涛主编《中国民俗通志·节日志》，山东教育出版社，2007。

西门杏庵：《文脉绵长，灼灼其华——关于书法名帖〈兰亭集序〉的文学赏析》，《南腔北调》2024年第8期。

黄文弼：《吐鲁番考古记》，甘肃人民出版社，2024。

王文章：《中国非物质文化遗产大辞典》，长江出版传媒、崇文书局，2022。

韩建武、胡薇：《唐代壁画珍品馆导览》，文物出版社，2020。

王泗原：《楚辞校释》，中华书局，2014。

张倩：《何家村窖藏所见唐代金银器制作工艺述略》，《文物春秋》2022年第1期。

谢丽：《随波流转的诗韵——以"曲水流觞"为题材的明清皇家艺术品》，《紫禁城》2007年第4期。

参考资料

吴敔木、胡文虎：《中国古代画家辞典》，浙江人民出版社，1999。

高景洋：《不该被冷落的旅日画家余崧及〈鸡葵图〉鉴识》，《东方收藏》2017年第6期。

孟令法：《记忆形式与解释逻辑：畲族民歌抄本的生活使用性传承》，《民族艺术》2024年第4期。

吕国敏：《坡芽歌书的文化属性之根》，《云南艺术学院学报》2011年第3期。

蒋廷瑜：《广西铜鼓概论》，《广西社会科学》1993年第1期。

梁庭望：《铜鼓的纹饰、造型和壮族祖先的宇宙观》，《中央民族大学学报》（哲学社会科学版）1985年第2期。

何明：《云南铜鼓图饰的文化内涵与审美意义》，《民族艺术研究》1992年第4期。

李思婷、王振豪、贾茜：《古代"三月三"诗文的生命感召意义探究》，《民俗文化》2024年第23期。

郭志超：《畲族文化述论》，中国社会科学出版社，2009。

李路阳、吴浩：《广西傩文化探幽》，广西人民出版社，1993。

杨宗亮：《壮族文化史》，云南民族出版社，2014。

梁庭望：《壮族历史文化研究》，中央民族大学出版社，2021。

李妍：《以艺术共享为媒：云南楔子鼓乐中的民族文化交融》，《北方民族大学学报》（哲学社会科学版）2024年第6期。

钟廷雄、莫福山主编《国家级少数民族非物质文化遗产集解》，中央民族大学出版社，2014。

伍炳培：《壮族民间舞蹈〈弄娅歪〉变异的初步测查》，《民族艺术研究》1991年第6期。

尤中：《中国西南民族史》，云南人民出版社，1985。

陈兰、陈立浩：《"三月三"节日民俗试论》，《贵州民族研究》1991年第1期。

何晏文：《母亲背上的摇篮 服饰艺术的精品——我国民族地区的背儿带艺术》，《黑龙江民族丛刊》1997年第3期。

陈志锋：《生活方式变迁与传统苗族纹样设计研究》，硕士学位论文，北京服装学院，2013。

广西壮族自治区编辑组、《中国少数民族社会历史调查资料丛刊》修订编辑委员会：
《广西壮族社会历史调查（一）》，民族出版社，2009。

段梅：《东方霓裳：解读中国少数民族服饰》，民族出版社，2004。

杨青华：《文山壮族刺绣技艺》，云南大学出版社，2015。

杨德鋆：《美与智慧的融集》，云南人民出版社，1993。

戴平：《中国民族服饰文化研究》，上海人民出版社，1994。

黄能馥、陈娟娟：《中国服装史》，中国旅游出版社，1995。

高春明：《中国服饰明物考》，上海文化出版社，2001。

王伟、李登福、陈秀英：《布依族》，民族出版社，1991。

徐华龙：《中国文学民俗史》，上海交通大学出版社，2017。

肖芒、郑小军：《畲族"凤凰装"的非物质文化遗产保护价值》，《中南民族大学学报》（人文社会科学版）2010年第1期。

樊苗苗：《壮锦：五彩经纬 织就大美壮乡》，《中国民族报》2023年3月3日第06B版。

周梦：《广西三江侗族女性服饰文化与服饰传承研究》，《广西社会科学》2011年第5期。

夏建中：《文化人类学理论学派：文化研究的历史》，中国人民大学出版社，1997。

廖春妹：《"小书大传承"中国非物质文化遗产通识读本——刺绣》，重庆出版社，2018。

陈文华：《中国农业考古图录》，江西科学技术出版社，1994。

广西壮族自治区地方志编纂委员会：《广西通志·农业志》，广西人民出版社，1994。

钱时霖、姚国坤、高菊儿编《历代茶诗集成·宋金卷》，上海文化出版社，2016。

《中国各民族宗教与神话大词典》编审委员会：《中国各民族宗教与神话大词典》，学苑出版社，1990。

广西壮族自治区编辑组：《广西壮族社会历史调查》第七册，广西民族出版社，1985。

毛公宁编《中国少数民族风俗志》，民族出版社，2006。

参考资料

李调元：《粤东笔记》，上海广益书局重刊本，1917。

唐胄：《正德琼台志》，海南出版社，2006。

林明体：《岭南民间百艺》，广东人民出版社，1993。

汤诗旷：《苗族传统民居特征与文化探源》，同济大学出版社，2020。

罗秀连、黄予淑：《从上巳节的记载管窥中华传统文化演变》，《文史春秋》2024年第5期。

民族文化宫博物馆：《中国少数民族文物图典——民族文化宫博物馆乐器卷》，辽宁民族出版社，2020。

贵州省民族事务委员会编《布依族文化大观》，民族出版社，2012。

中央音乐学院《音乐百科全书》编辑委员会编：《音乐百科全书》，中国大百科全书出版社，2014。

乐声：《中国少数民族乐器》，民族出版社，1999。

吴媛姣、吐尔洪·司拉吉丁、梁元真：《侗族芦笙溯源及其制作流程工艺考》，《民族音乐》2015年第5期。

杨筑慧编著《中国侗族》，宁夏人民出版社，2012。

田阡、石甜：《中国节庆文化丛书：三月三》，安徽人民出版社，2014。

李德洙、杜松等：《中国少数民族文化史》，辽宁人民出版社，1994。

杨树喆：《壮族民间师公教：巫傩道释儒的交融与整合》，《中央民族大学学报》（人文社会科学版）2001年第4期。

浙江省文物考古研究所：《河姆渡：新石器时代遗址考古发掘报告》，文物出版社，2003。

钟敬文：《刘三姐传说试论》，载《钟敬文民间文学论集》，上海文艺出版社，1985。

博物馆里的"三月三"

BOWUGUAN LI DE "SANYUESAN"

后记

陶 红

中国博物馆协会民族博物馆专业委员会主任

民族文化宫博物馆原馆长　研究馆员

　　《博物馆里"三月三"》的叙事，本质上是一场文明的解谜与重构。本书旨在通过对博物馆里与"三月三"相关的藏品进行解读，使读者了解古代上巳节到今日"三月三"的历史演变、各民族欢庆"三月三"的节俗，以及它所承载的文化意义，从中领悟博大精深、兼容并蓄的中华民族文化。成书过程中，得到了来自国内12家文博单位40余名文博从业人员的支持。本书所述藏品来源多样，涉及面较广，从内容架构到代表性文物的鉴选，从藏品的题名到"三月三"节庆文化的凸显，都倾注了每一位撰稿人的研究心血。

　　"三月三"是什么节日？在我国传统的年节文化中，无论是正月初一、二月初二、五月初五，还是七月初七、九月初九，都在人们的现实生活里发挥着重要的岁时作用。唯有"三月三"，除在部分地区存在外，渐渐被世人所淡忘。

"三月三"，古称上巳节，距今已有2000多年，是中国古老的传统节日之一，其历史悠久、文化内涵深厚、习俗丰富多彩，曾是全国性、全民性的节日。上巳节中祓禊、曲水流觞、郊游踏青、女儿节等文化活动依旧影响着现今的人们。祓禊，"祓"指祛除病气，"禊"指清洁身体，形成于先秦时期，是上巳节最为古老的习俗，是驱除不祥的仪式，以达到除灾祛病、祈求福祉的目的。人们会在"三月三"这一天相约来到河边、湖畔，在祭司的主持下，以香草涂身，用河水或湖水进行沐浴，祈求洗去一年所有的不顺与灾难疾病。魏晋南北朝时期，上巳节逐渐从宗教仪式演变为文人雅士的聚会活动，曲水流觞成为最为流行的习俗，饮酒赋诗，展现了高雅、松弛的娱乐方式。唐代，上巳节的庆祝活动更加丰富多彩，除了祓禊和曲水流觞，踏青、宴饮、斗草等活动也逐渐流行。有杜甫《丽人行》描绘唐代上巳节:"三月三日天气新,长安水边多丽人。"更有帝王主持曲江赐宴的盛况。宋代,因理学盛行,上巳节失去了生存的文化环境,其活动衰落并逐渐地方化。明清以后,上巳节逐渐被清明节取代。在浙江、陕西、湖北等部分地区,会在"三月三"这一天为女子举行及笄成人礼,象征着女孩已经成长为能够承担社会责任的女性。农历三月正值春暖花开,男女老幼走出家门游春赏景。郊游踏青不仅促进了身心健康,成为人们社交聚会的好时机,也为人们节庆之后专注春播耕种、在秋后收获累累果实养精蓄锐。

如今,在我国浙江、福建、湖南、广西、海南、贵州、云南等省区,传统"三月三"的习俗与当地的民俗文化深度融合、创新发展。"三月三"是纪念先祖的日子,是歌的海洋,有山歌对唱、抛绣球、打铜鼓、祭山、吃五色糯米饭等活动,是壮族、黎族、畲族、瑶族、苗族、侗族、布依族、仫佬族、彝族、仡佬族等多民族共享的节庆日。

"三月三"是多元文化的兼容并蓄。"三月三"的多元文化内涵在本书中浓墨重彩地展现,集中表达了对生命起源和家族传承的重视。祓禊、踏青等上巳节传统与地方民俗结合,形成多样化的"三月三"文化,发展出独特的节日形态,成为民族文化的重要内容。壮族"三月三"是广西等地的重要节日,以对歌、抛绣球、祭祖为特色。侗族有花炮节、"报京三月三",侗族人民抢花炮、唱侗戏、跳芦笙舞,祈求丰收。畲族有乌饭节,通过制作乌米饭纪念民族英雄。黎族有"三月三",人们在节日期间纪念祖先、对歌、跳竹竿舞,传情达意。彝族有"三月三"祭山节,借节日表达对青山绿水、绿色生态的敬畏和崇拜。

在我们的藏品故事中，从《从甲骨文谈上巳节》到《彩调剧本〈刘三姐〉》，《兰亭集序》与曲水流觞，壮族绣球与歌圩文化，网兜彩蛋与五色糯米饭，"三月三"的文化内涵在历史长河中不断演变，时间重合、习俗融合、传播重构，展现了中华文化的多样性与生命力。"三月三"，这个古老而充满活力的节日，从先秦时期的上巳节一路走来，跨越千年，演变为今天广泛流传于我国南部各地的盛大节日。它不仅承载着中华民族的历史记忆，也展现了多元文化的交融与传承。

"三月三"作为上巳节的延续，承载了中华民族的历史记忆，不仅是汉族的传统节日，也是壮族、瑶族、苗族等多个民族共同庆祝的盛会，体现了中华民族的多元一体和文化认同，是民族文化多元包容的最好见证。"三月三"的庆祝活动不仅丰富了人们的精神生活，也为地方经济发展和文化传播提供了新思路、新途径，具有现实的价值意义。"三月三"的传统习俗在现代社会中得以传承和创新。2006年，海南省五指山市"黎族三月三节"被列入第一批国家级非物质文化遗产名录。2008年，浙江省景宁畲族自治县"畲族三月三"被列入第二批国家级非物质文化遗产名录。2011年，贵州省望谟县、贞丰县布依族"三月三"被列入第三批国家级非物质文化遗产名录。2014年，贵州省镇远县、广西壮族自治区武鸣县（今武鸣区）的"报京三月三"、"壮族三月三"被列入第四批国家级非物质文化遗产代表性项目名录扩展项目名录。2014年，广西壮族自治区党委、政府将"壮族三月三"确定为广西法定假日。"三月三"这一传统节日被赋予更多的现代意涵，已成为展示民族文化的重要平台、带动地区经济发展的优质品牌，以及促进各族人民交往交流交融、增进认同的文化符号。

"三月三"的形成历史悠久，发展演变复杂，在不同民族中表现形式不同，相关文物古籍分布广泛，其多样性增加了研究的复杂性。目前，专家学者对"三月三"的文物古籍研究仍存在一定的局限性，但随着历史学、民俗学、人类学等研究方法的创新和跨学科合作的深入，通过现代技术对文物古籍进行数字化保护和开发利用，运用新媒体平台传播等综合手段促进民族文化的传承与发展，"三月三"的文化内涵必将在新时代焕发出更加绚丽的光彩。希望未来有更多的专家学者投身于这一领域，为中华优秀传统文化的传承与发展贡献力量。

博物馆里的"三月三"有什么？或许我们从一件件藏品的文化解读里可以找到"三月三"叙事的终极意义。从上巳节到"三月三"的演变，体现了中华文化"因时而变，因地而异"的包容性，其文化内涵至今仍在传统与现代的交织中焕发活力。"三月三"已成为贯通古今的文化纽带，在村寨邻里、山林乡间、广袤大地上延续传承着文明永续的生命力。

希望本书能够为读者提供一个新的视角，重新认识和珍视这一跨越千年的文化瑰宝。

2025 年 3 月 2 日于北京

"三月三"期间的广西南宁青秀山,花团锦簇、歌舞萦绕,一片欢乐的海洋
周军 摄

图书在版编目（CIP）数据

博物馆里的"三月三"/陶颖主编.--南宁：广西人民出版社，2025.3.--ISBN 978-7-219-11930-3

Ⅰ.K892.1

中国国家版本馆CIP数据核字第2025UZ0379号

BOWUGUAN LI DE "SANYUESAN"

博物馆里的"三月三"

陶颖　主编

策　　划	赵彦红　萨宣敏
执行策划	李亚伟　罗　雯
责任编辑	廖　献　钟建珊
责任校对	周月华　文　慧
装帧设计	陈　凌　李彦媛

出版发行	广西人民出版社
社　　址	广西南宁市桂春路6号
邮　　编	530021
印　　刷	广西民族印刷包装集团有限公司
开　　本	787 mm×1092 mm　1/16
印　　张	18.75
字　　数	252千字
版　　次	2025年3月　第1版
印　　次	2025年3月　第1次印刷
书　　号	ISBN 978-7-219-11930-3
定　　价	78.00元

版权所有　翻印必究